lit bien chaque page.

FRANÇOISE ANCEY

LES STARS DES JEUX OLYMPIQUES ET PARALYMPIQUES

Hugo Jeunesse

PRÉFACE

Si je devais citer un athlète qui m'a impressionné dès mon plus jeune âge, ce serait sans aucun doute Carl Lewis. Si je n'avais pas découvert, enfant, ce mythique sprinteur afro-américain, que j'ai suivi tout au long de sa magnifique carrière, je n'aurais probablement pas autant rêvé de faire les Jeux, ni tout fait pour arriver au plus haut niveau dans ma propre discipline.

Nous avons toutes et tous en mémoire des souvenirs de performances d'athlètes, et des images des Jeux, qui nous ont profondément et durablement marqués. Parfois, cela mène à une carrière sportive professionnelle, mais dans la majorité des cas, cela incite à pousser la porte d'un club pour pratiquer un sport, se dépenser et partager des moments forts avec d'autres passionnés ; en bref, à mettre plus de sport dans sa vie.

Nous avons la chance, en France, d'avoir des athlètes d'exception. Marie-José Pérec qui, pour la première fois de l'histoire des Jeux – hommes et femmes confondus –, a conservé son titre sur 400 m en 1996 à Atlanta avant de remporter le 200 m trois jours plus tard ; Laure Manaudou, qui fut sacrée championne du 400 m nage libre aux Jeux d'Athènes en 2004, à 17 ans à peine ; ou encore la légende Teddy Riner avec ses cinq médailles, dont trois en or entre Pékin 2008 et Tokyo 2020.

Je pourrais en citer beaucoup d'autres, mais je t'invite plutôt à te plonger dans *Les Stars des Jeux Olympiques et Paralympiques*, qui fait la part belle à ces grands moments du sport avec de très beaux portraits d'athlètes. Dans ce livre, on découvre et redécouvre les exploits de celles et ceux qui nous ont fait rêver, et qui continueront de nous faire rêver, notamment aux Jeux de Paris 2024.

L'été 2024 marquera le retour, cent ans après, des Jeux Olympiques d'été en France. À Paris 2024, les athlètes seront au cœur de l'événement, avec des sites iconiques en cœur de ville et un cadre incroyable, pour rendre encore plus belles et plus mémorables leurs performances.

À Paris 2024, nous aurons aussi une Équipe de France olympique et paralympique unie, des athlètes olympiques et paralympiques réunis sous la même bannière, et nous mettons en place de nombreux défis sportifs, *via* le Club Paris 2024, où de grands champions – Tony Parker, Jo-Wilfried Tsonga, Marie-Amélie Le Fur, Florent Manaudou… – viennent à la rencontre du public.

C'est comme cela qu'à Paris 2024, nous « ouvrons grand les Jeux » à des millions de spectateurs et à des milliards de téléspectateurs qui vivront des émotions fortes, découvriront de nouvelles disciplines et se rassembleront autour des valeurs de l'Olympisme et du Paralympisme.

Car si dans le sport, bien sûr, les victoires et les médailles sont cruciales, ce ne sont pas les seules choses qui importent. Ce qui compte aussi, c'est de faire vivre et de partager la flamme, pour inspirer les nouvelles générations, faire connaître les pouvoirs magiques du sport au plus grand nombre. C'est cela que mon père, qui était professeur d'EPS, m'a transmis ; c'est cela que je veux à mon tour transmettre à mes enfants ; c'est cela que nous voulons transmettre à Paris 2024.

Ouvrir grand les Jeux, c'est aussi les ouvrir aux défis de notre temps, à commencer par celui de l'inclusion. En 2024, notre pays accueillera pour la première fois de son histoire les Jeux Paralympiques d'été, qui doivent être véritablement exceptionnels.

Pour cela, nous devons donner envie au plus grand nombre d'être au rendez-vous, et nous sommes face à un enjeu : celui de faire connaître les athlètes paralympiques, qui malgré leurs performances tout aussi impressionnantes ne bénéficient pas de la même exposition médiatique que les athlètes olympiques.

Fais l'expérience autour de toi : si chacun est capable de citer un ou une athlète olympique et sa discipline, nous sommes beaucoup moins nombreux à pouvoir le faire pour des athlètes paralympiques.

Et pourtant, tout le monde te le dira : quand on assiste à des Jeux Paralympiques, on prend une vraie claque face à de tels athlètes et à de telles performances. Je me souviens en particulier de Sandrine Martinet à Rio, en 2016, lors de sa victoire en finale de para judo. Mais j'aurais pu aussi citer Marie-Amélie Le Fur et ses victoires en para athlétisme à Rio, et l'émotion de son dernier saut, à Tokyo 2020.

Avec *Les Stars des Jeux Olympiques et Paralympiques*, nous t'invitons à découvrir les parcours de ces championnes et champions, tous plus inspirants les uns que les autres, et nous te donnons rendez-vous pour découvrir les stars de demain, qui feront les Jeux de Paris 2024 !

Bonne lecture !

Tony Estanguet
Président de Paris 2024

SOMMAIRE

CHRONOLOGIE DES JEUX OLYMPIQUES

776 av. J.-C.

Jeux antiques à Olympie, en Grèce.

1896

Premiers Jeux modernes à Athènes. 14 pays y participent, 241 athlètes masculins dont 169 Grecs.

1900

Les Jeux se déroulent à Paris pendant cinq mois, en même temps que l'Exposition universelle. Les épreuves de natation ont lieu dans la Seine, et première participation des femmes aux épreuves de tennis et au golf.

1904

Apparition des médailles d'or, d'argent et de bronze aux Jeux de Saint-Louis 1904, aux États-Unis. La France et d'autres pays européens n'y participent pas, le voyage étant trop long et trop cher. La France est néanmoins représentée par un résident américain de nationalité française.

1920

Les jeux se déroulent à Anvers, en Belgique. Apparition des drapeau et serment olympiques.

1924

Premiers Jeux Olympiques d'hiver à Chamonix en France et les Jeux d'été ont lieu à Paris.

1928

Les femmes ont le droit de participer aux épreuves d'athlétisme à Amsterdam, aux Pays-Bas. La flamme olympique est allumée pour la première fois.

1932

Jeux de Los Angeles 1932 aux États-Unis. Dorénavant, les compétitions se dérouleront sur 16 jours et non plus durant plusieurs semaines. Le cérémonial du podium est introduit, avec le lever des drapeaux et l'audition des hymnes nationaux.

2024

Jeux Olympiques organisés pour la troisième fois à Paris. Pour la première fois de l'histoire des Jeux, il y aura autant d'athlètes hommes que femmes.

2021

À cause de la pandémie de Covid-19, les Jeux ont été repoussés d'une année. Mais pour respecter les mesures sanitaires, aucun spectateur n'est autorisé à assister aux compétitions.

1994

Les Jeux d'hiver sont décalés de deux ans pour ne plus avoir lieu la même année que les Jeux d'été.

1992

C'est la première fois que tous les pays sont là, 172 au total. L'Apartheid en Afrique du Sud a été aboli, le mur de Berlin est tombé et les deux Allemagnes sont réunies. Les retransmissions TV battent des records.

1984

L'URSS et sept pays de l'Est boycottent à leur tour les Jeux de Los Angeles 1984, où brille notamment le légendaire Carl Lewis.

1980

Les États-Unis et 57 autres nations boycottent les Jeux organisés à Moscou, en URSS, pour protester contre l'invasion de l'Afghanistan.

1976

22 pays africains boycottent les Jeux de Montréal 1976.

1972

Jeux de Munich 1972 : prise d'otages pendant laquelle 11 membres de l'équipe d'Israël sont tués par l'organisation palestinienne « Septembre noir ». Apparition de la mascotte. Ici, ce sera Waldi le teckel.

1968

Jeux de Mexico 1968 et premiers contrôles antidopage. Utilisation de nouvelles techniques et matériaux (tartan, perche en fibre de verre, chaussures plus légères).

1960

Premiers Jeux Paralympiques organisés à Rome, en Italie. Premiers Jeux diffusés en direct à la télévision en Europe. Les Jeux de Tokyo 1964 seront diffusés en couleur.

1952

Helsinki, Jeux de la guerre froide. Allemands et Japonais font leur retour et les Soviétiques y participent pour la première fois. Le village olympique est divisé en deux, pays occidentaux d'un côté, pays de l'Est de l'autre.

1948

Douze ans après les Jeux de Berlin 1936, trois ans après la fin de la Seconde Guerre mondiale, Londres accueille les sportifs du monde entier. Pour la première fois, les épreuves sont retransmises à la télévision.

1936

Jesse Owens est le héros de ces Jeux de Berlin 1936. La flamme olympique sera désormais allumée à Olympie.

JEUX ANTIQUES ET JEUX MODERNES

Selon la légende, les premiers Jeux auraient été inventés par les dieux grecs, et le site d'Olympie par le plus célèbre des héros, Héraclès, fils de Zeus. On raconte que le roi d'Élide, après avoir entendu l'oracle de Delphes, organisa des Jeux pour mettre fin au conflit contre Sparte. Une « trêve sacrée » fut instaurée : pas de guerre pendant la durée des Jeux.

Héraclès

Les Jeux antiques

776 av. J.-C. est la date officielle des premiers Jeux antiques. Ils vont devenir peu à peu la plus grande fête de Grèce. Pendant un millénaire, ils se déroulent tous les quatre ans, entre fin juillet et début septembre. Pour participer, il faut être un homme et un citoyen grec. Ni les esclaves, ni les femmes, ni les étrangers ne sont autorisés à participer.

Les Jeux antiques ne comportent aucune épreuve par équipe. À l'origine, il n'existe que la course du stade puis, au fil du temps, s'ajoutent d'autres courses à pied, des sports de combat, des épreuves hippiques, le pentathlon. Lors de ces Jeux, les vainqueurs deviennent des élus des dieux, récompensés par une couronne d'olivier tressé.

En 393 après J.-C., après 286 olympiades et 1200 ans, l'empereur Théodose Ier interdit les Jeux qu'il juge néfastes à la religion chrétienne.

Pierre
de Coubertin

Histoire

Lors des Jeux antiques, les athlètes couraient nus. La raison ? Alors que Orsippos de Mégare, en 720 av. J.-C. s'élance sur la piste, il perd son pagne, poursuit sa course et la remporte. Dès lors, les organisateurs auraient imposé la nudité aux athlètes.

Lexique

« Athlète » vient du grec *athlon* qui signifie « combat » ou « récompense ».

Les Jeux modernes

Près de 1500 ans après la fin des Jeux antiques, un Français, le baron Pierre de Coubertin, émet le souhait de restaurer les Jeux. Pour lui, le sport est indispensable au développement physique et mental de la jeunesse. *Citius, Altius, Fortius* (Plus vite, plus haut, plus fort) devient sa devise et il encourage chaque athlète à se surpasser. Il suffit d'un peu de détermination et de beaucoup d'entraînement pour y parvenir.

En 1894, lors d'un congrès, il partage son idée de redonner vie aux Jeux. Les applaudissements dans la salle entérinent leur renaissance et le CIO, le Comité international olympique, est créé. Ses quinze membres, issus de différents pays, s'engagent à promouvoir le mouvement olympique, à choisir la ville hôte, à défendre une image saine du sport, à refuser la violence, à lutter contre la discrimination et à valoriser l'esprit olympique.

En 1896, le roi de Grèce, Georges Ier, déclare ouverts les premiers Jeux Olympiques de l'ère moderne.

QUE LES JEUX COMMENCENT !

Les Jeux Olympiques sont l'un des plus grands événements sportifs du monde avec le Mondial de football. Presque toutes les nations se retrouvent et leurs meilleurs athlètes s'affrontent dans différentes épreuves, tout en respectant l'esprit olympique : amitié, solidarité et *fair-play* !

La cérémonie d'ouverture

Avant que la compétition commence, place au spectacle ! Les athlètes entrent sur le stade. Ils entament un tour de piste, la délégation grecque en premier, les autres pays suivent par ordre alphabétique, le pays organisateur ferme la marche. Puis, on hisse le drapeau !

Histoire

Le symbole des cinq anneaux entrelacés existait déjà dans la Grèce antique. On les a retrouvés gravés sur un ancien autel de pierre à Delphes.

Les anneaux olympiques

Le drapeau olympique flotte pour la première fois aux Jeux d'Anvers 1920. Sur un fond blanc sont entrelacés cinq anneaux de couleur, qui représentent l'union des cinq continents.

Le serment

Lors de la cérémonie d'ouverture, un athlète, un juge et un entraîneur prêtent serment : « Au nom de tous les concurrents, je promets que nous prendrons part à ces Jeux Olympiques en respectant et en suivant les règles qui les régissent, en nous engageant pour un sport sans dopage et sans drogue, dans un esprit de sportivité, pour la gloire du sport et l'honneur de nos équipes. »

La flamme olympique

Depuis 1936, la flamme voyage d'Olympie jusqu'à la ville hôte. Plusieurs coureurs se relaient et lorsque le dernier pénètre dans le stade, il entame un tour de piste, puis allume la flamme qui brûlera tout au long des Jeux.

Les langues

Panneaux, documents et annonces sont en anglais, en français et dans la langue du pays hôte. Pierre de Coubertin, à l'initiative des Jeux modernes et de la création du CIO, a permis à la langue de Molière de s'imposer dans toutes les compétitions (règle 23 de la Charte olympique).

Les mascottes

Depuis les Jeux de Munich 1972, une mascotte représente la ville hôte. Véritables symboles des Jeux, elles changent à chaque édition des Jeux et ont pour rôle d'amuser, de raconter l'histoire de la ville et de diffuser les valeurs des Jeux. Elles ressemblent parfois à des animaux, des humains, ou des créatures fantastiques ; les mascottes de Paris 2024 sont les Phryges, inspirées du bonnet phrygien révolutionnaire, celui qui coiffe Marianne, symbole de la République et de la Liberté.

Les médailles

À partir de 1904, les trois meilleurs athlètes de chaque discipline reçoivent des médailles : l'or pour le premier, l'argent pour le deuxième et le bronze pour le troisième. Sur une face est représentée *Niké*, la Victoire, sur l'autre un athlète victorieux. Depuis 1932, les trois vainqueurs montent sur un podium, la plus haute marche étant destinée au champion. Une fois les médailles autour du cou, l'hymne national de l'athlète arrivé en première position est joué.

LE COMBAT DES FEMMES

Depuis la fin du XIXe siècle, beaucoup de choses ont changé. Les Jeux, comme la société, ont évolué, vers plus d'inclusion et plus d'égalité, et c'est une bonne chose. Si on sait ce que les Jeux doivent à Pierre de Coubertin, plusieurs de ses paroles et prises de position doivent absolument être replacées dans leur contexte et mises à distance.

Persévérance

C'est Alice Milliat, combattante acharnée, qui va se battre pour imposer la présence des femmes aux Jeux Olympiques. En 1912, elle préside le club omnisports féminin, puis crée, neuf ans plus tard, la Fédération sportive féminine internationale. Si Pierre de Coubertin n'y est pas favorable, le Comité international olympique (CIO) fait un geste et accepte que 22 femmes (pour 975 hommes) participent à certaines épreuves des Jeux de Paris 1900, comme le golf et le tennis. En 1904, elles ne seront plus que six participantes.

Loin d'être découragée, Alice Milliat décide d'organiser les premiers Jeux Olympiques féminins (rebaptisés par la suite « Jeux mondiaux féminins ») le 20 août 1922 à Paris, qui réuniront 77 athlètes venues de cinq pays et qui seront applaudies par plus de 20 000 spectateurs. Ces Jeux mondiaux se tiendront tous les quatre ans jusqu'en 1934.

Face à des instances pour le moins frileuses, aux Jeux d'Amsterdam 1928, les femmes peuvent cependant concourir aux épreuves reines de l'athlétisme : 100 m, relais 4 x 100 m et 800 m. Mais la chute d'une participante à l'arrivée de la course d'endurance fait dire aux responsables qu'il ne faut plus proposer d'épreuves féminines au-delà de 200 m. Un interdit qui durera jusqu'aux années 1960.

Alice Milliat

Victoire

L'égalité entre les femmes et les hommes est un chemin de longue haleine, et l'histoire des Jeux n'y fait pas exception. En 1984, les femmes ont pu participer au marathon. En 2012, toutes les disciplines ont une catégorie féminine et en 2024, les Jeux réuniront pour la première fois autant d'athlètes hommes que femmes.

Alice Milliat, morte en 1957 dans l'anonymat le plus total, est celle qui a créé le sport féminin. Elle a gagné son combat, celui où homme et femme sont traités d'égal à égale dans le sport, ou presque. Il reste encore beaucoup de combats à mener et à gagner : lutter contre les commentaires sexistes, les différences salariales, les débats sur les tenues, les conditions d'entraînement, la sous-médiatisation...

Ci contre, en haut : L'équipe féminine britannique avant le départ pour la première rencontre internationale d'athlétisme du 20 août 1922.

Ci-contre, en bas : Le premier marathon féminin aux Jeux de Los Angeles 1984.

Ouverture des sports aux femmes depuis 1984

1984
tir
cyclisme
marathon

1988
tennis
tennis de table
voile

1992
badminton
judo

1996
football
softball

2000
haltérophilie
pentathlon moderne
taekwondo

2004
lutte

2012
boxe

2016
golf
rugby

JEUX ET DISCIPLINES

Le nombre de disciplines varie en fonction des Jeux et n'a cessé d'augmenter depuis les premiers Jeux modernes de 1896. Certaines sont apparues, puis ont disparu. D'autres sont apparues, ont disparu, puis ont réapparu !

Voici l'heptathlon des épreuves. À vos marques, prêt, partez !

1. Jeux de tirs

Un seul « tir » n'a pas existé, mais lequel ?

a. Tir aux pigeons vivants
b. Tir au cerf courant
c. Tir à la corde
d. Tir aux flancs

2. Jeux Paris ou pas Paris ?

Lesquels de ces sports (ou disciplines) ne seront pas présents aux Jeux de Paris 2024 ?

a. Karaté
b. Skateboard
c. Surf
d. Breaking
e. BMX racing
f. Taekwondo
g. Curling

3. Jeux de femmes

En quelle année les femmes ont-elles pu participer à ces sports ou disciplines olympiques ? Pour les hommes, la date est indiquée entre parenthèses.

Marathon (1896) : ....
Cyclisme (1896) : ....
Tennis (1988) : ....
Judo (1964) : ....
Football (1984) : ....
Haltérophilie (1896) : ....
Boxe (1904) : ....

4. Jeux de balles

Ça s'en va et ça revient et ça s'en va et ça revient. Un seul de ces sports est de nouveau disputé. Lequel ?

a. Rugby à XV. Apparaît en 1900, disparaît en 1924.
b. Polo. Apparaît en 1900, disparaît en 1936.
c. Cricket. Apparaît en 1900, disparaît en 1900.
d. Tennis. Apparaît en 1896, disparaît en 1928.
e. Natation synchronisée solo. Apparaît en 1984, disparaît en 1996.
f. Épreuve de tandem. Apparaît en 1908, disparaît en 1972.

5. Jeux d'eau

Parmi ces disciplines aquatiques, une seule n'a jamais figuré au programme des Jeux Olympiques. Laquelle ?

a. Le 20 m
b. Le 200 m avec obstacles
c. La nage sous l'eau
d. Le 100 m pour marins

6. Jeux grecs

Une seule de ces épreuves n'a pas existé en Grèce antique. Laquelle ?

a. La danse en armes
b. Le pugilat
c. La nage papillon
d. Le 192 m
e. La course de chars
f. Courir nu avec un bouclier, un casque et des protège-tibias.

7. Jeux de sauts

Quelle discipline n'a jamais figuré au programme des Jeux Olympiques ?

a. Le saut en longueur à la perche
b. Le triple saut sans élan
c. Le saut en hauteur sans élan
d. Le saut en longueur à cheval

Histoire

La charte olympique prévoit que les sports présents au programme d'une édition des Jeux soient en principe confirmés par le CIO sept ans avant les Jeux en question. Le programme comprend 28 sports auxquels peuvent être ajoutés des sports additionnels proposés par le Comité d'organisation (sports dont la fédération internationale est reconnue par le CIO). Dans le passé, en plus des sports au programme, il y a pu avoir des sports de démonstration (pelote basque, hockey sur patins, gymnastique suédoise...), mais ce n'est plus le cas.

1. a, seul le tir aux flancs n'a jamais existé ! Et dans le tir à la corde, il faut juste tirer la corde, pas tuer des cordes ! **2.** a et g, seuls le karaté et le curling ne seront pas présentés aux Jeux de Paris 2024. **3.** Marathon : 1984 ; cyclisme : 1984 ; tennis : 1988 ; judo : 1992 ; football : 1996 ; haltérophilie : 2000 ; boxe : 2012. **4.** d, seul le tennis est toujours disputé ! Le rugby à XV a disparu mais il est revenu en 2016 dans sa version à 7. **5.** a, le 100 m « pour les marins » a existé en 1896. Au 200 m avec obstacles, il fallait remonter la Seine à contre-courant, en passant sous des bateaux. Cette épreuve, tout comme la nage sous l'eau, s'est déroulée en 1900. **6.** c. **7.** a.

DES JEUX MONDIAUX

Tout comme la Coupe du monde de football, les Jeux Olympiques sont un phénomène planétaire qui attire des centaines de milliers de spectateurs et des milliards de téléspectateurs. Mais qui dit « fête mondiale » dit gros challenge !

Les stades

Lorsqu'une ville est sélectionnée pour organiser les Jeux Olympiques, c'est une consécration ! Mais le pays hôte sait que pour « épater » le monde, il va devoir investir beaucoup d'argent dans les installations, les stades, les transports, le logement et l'organisation. Certaines villes se sont lourdement endettées par le passé, comme Montréal, Mexico, Athènes, où des installations ont pu être laissées à l'abandon après les Jeux. On appelle cela des « éléphants blancs ». En revanche, le stade de Sydney est toujours utilisé, même s'il reste le plus grand de l'histoire des Jeux : quatre Boeing 747 pourraient y tenir côte à côte.

Info

Lors des Jeux antiques, le stade ne représentait pas un lieu mais une unité de longueur. Le stade olympique mesure 192,27 m, soit, d'après la légende, 600 fois le pied d'Héraclès.

La télévision et l'argent

Les Jeux offrent à la planète entière un spectacle de toute beauté et des cérémonies d'ouverture grandioses. Les Jeux de Berlin 1936 sont les premiers filmés. En 1960, ceux de Rome sont diffusés en direct dans une vingtaine de pays européens. Quatre ans plus tard, à Tokyo, ils sont retransmis en direct sur tous les continents grâce au système de mondovision (par satellite). À Mexico, en 1968, les Jeux sont en couleur. En 1984, à Los Angeles, 156 pays, soit 2,5 milliards de personnes (la moitié de la population mondiale à l'époque), encouragent les athlètes derrière leur écran. En 2012, ce sont 3,6 milliards de téléspectateurs ! Les milliards de dollars gagnés grâce aux droits de retransmission permettent de financer les comités d'organisation des Jeux. Ainsi tous les pays peuvent envoyer des athlètes aux Jeux grâce à la solidarité olympique.

Lexique

Niké signifie « Victoire » en grec. C'est le nom qui accompagne la déesse Athéna. C'est ce nom qu'a choisi la marque américaine de sport !

Les Jeux et l'environnement

Depuis 1994, le respect de l'environnement est inscrit dans la Charte olympique. Depuis 2004, il devient officiellement le 3e pilier de l'olympisme, avec les sports et la culture. Pour Paris 2024, tout est pris en compte pour que ces Jeux soient les plus responsables possible. L'objectif est de ne pas dépasser 1,5 million de tonnes de CO_2 (à Londres, en 2012, c'étaient 3,5 millions de tonnes). Ces économies sont possibles parce que 95 % des infrastructures prévues sont déjà existantes ou temporaires et qu'elles sont accessibles en transport en commun. La Seine, qui accueillera plusieurs épreuves olympiques, sera assainie.

PARIS 2024, JEUX DE LA XXXIIIe OLYMPIADE

Après les Jeux de Tokyo 2020 et avant ceux de Los Angeles en 2028, Paris accueille ses troisièmes olympiades, après celles de 1900 et de 1924. Pour la première fois de l'histoire de l'olympisme, la cérémonie d'ouverture aura lieu, non dans un stade, mais dans la ville, sur la Seine et sur les quais. Que les Jeux commencent !

Prévisualisation de la cérémonie d'ouverture des Jeux de Paris 2024.

28 sports olympiques, plus l'escalade, le skateboard, le surf et, pour la première fois dans les Jeux, le breaking.

C'est 329 médailles d'or à gagner pour 329 épreuves.

75 % de sites déjà existants et 25 % d'infrastructures temporaires ou de nouvelles infrastructures, comme le centre aquatique de Saint-Denis, non loin du Stade de France, ou l'Arena Porte de la Chapelle pour les épreuves de badminton et de gymnastique rythmique, de para badminton et de para haltérophilie.

Un village olympique pour environ 14 000 athlètes et leurs accompagnateurs et un village pour les médias. Des hébergements seront fournis aux athlètes à Marseille, Lille, Tahiti ainsi que dans les villes accueillant le tournoi de football.

Des épreuves de voile organisées à **Marseille** et des épreuves de surf à **Tahiti**, en Polynésie.

10 500 athlètes olympiques venant de 206 nations, avec pour la première fois une parfaite parité (5 250 femmes et 5 250 hommes).
4 400 athlètes paralympiques venant de 184 nations.

PARiS 2024

PARiS 2024

Un emblème, le même pour les Jeux Olympiques et Paralympiques.

Il ressemble à un visage où apparaissent trois symboles : la médaille d'or, la flamme et Marianne.

Des mascottes, les Phryges olympiques et paralympiques, personnages inspirés du bonnet phrygien, celui que porte Marianne, symbole de la République et de la Liberté.

LES JEUX PARALYMPIQUES

« La paraplégie n'est pas la fin du chemin. C'est le début d'une nouvelle vie. »

Ludwig Guttmann

Lorsque Ludwig Guttmann, neurochirurgien allemand de renom, fuit l'Allemagne nazie, il se retrouve dans un hôpital près de Londres et soigne les blessés de guerre devenus paraplégiques. En quelques années, il va révolutionner le monde du sport et créer un mouvement international paralympique.

Info

Le drapeau est composé de trois sortes de virgule, des « agitos » (« Je bouge » en latin), vert, rouge, bleu, sur fond blanc. Il serait inspiré par un symbole coréen qui signifie « l'esprit, le corps, l'âme ». Le drapeau avec les anneaux est réservé exclusivement aux Jeux Olympiques.

« Le Coubertin des paralysés »

Dans son centre médical, le National Spinal Injuries Center, Guttmann ne se contente pas de soigner, mais il propose également de nouvelles thérapies pour accompagner psychologiquement les blessés. Pour stimuler leurs capacités motrices, il leur propose différentes activités comme le tir à l'arc, le billard, le basketball et le tennis de table. La thérapie semble fonctionner car les patients, au fil des mois, reprennent confiance en eux.

Guttmann estime que les personnes en situation de handicap physique ou visuel ont droit également à des épreuves olympiques et organise, en parallèle des Jeux de Londres 1948, des « Jeux mondiaux des athlètes amputés et en fauteuil ». La consécration arrive 12 ans plus tard. Ce seront des Jeux « parallèles » aux Jeux Olympiques, voilà ce que signifie « para »-lympique.

1960 : les premiers Jeux Paralympiques

Une semaine après la fin des Jeux de Rome en 1960, ce sont 400 athlètes, venus de 23 nations, qui participent aux premiers Jeux Paralympiques, d'abord destinés aux athlètes en fauteuil roulant. D'éditions des Jeux en éditions des Jeux, leur organisation va se rapprocher de plus en plus de celle des Jeux Olympiques. Depuis Séoul en 1988, les épreuves se déroulent dans la même ville que les Jeux Olympiques et utilisent les mêmes infrastructures. Une fois la flamme olympique éteinte, la flamme paralympique est allumée, symbolisant le passage de témoin entre les Jeux Olympiques et Paralympiques. Les Jeux Paralympiques ont leur mascotte, leur flamme et leur drapeau dédié (voir encadré ci-contre).

L'équipe italienne au village olympique des premiers Jeux Paralympiques de Rome 1960.

Alors que les premiers Jeux Paralympiques de 1960 comprenaient 8 sports pour 400 athlètes, 4 400 paralympiens prendront part aux Jeux Paralympiques de Paris dans 22 sports : basket fauteuil, boccia, escrime fauteuil, cécifoot, goalball, para athlétisme, para aviron, para badminton, para canoë, para cyclisme sur route, para cyclisme sur piste, para équitation (dressage), para powerlifting, para judo, para natation, para taekwondo, para tennis de table, para tir à l'arc, para tir sportif, para triathlon, rugby fauteuil, tennis fauteuil, volleyball assis.

Histoire

Les sportifs paralympiques sont des handicapés moteurs ou visuels (amputés, infirmes moteurs cérébraux, déficients visuels, sportifs en fauteuil roulant ou autres appareillages). Ils sont classés dans plusieurs catégories selon leur handicap. Ainsi, en athlétisme, il peut y avoir 15 finales du 100 m ! Étonnamment, les malentendants (sourds et muets) ne peuvent participer aux Jeux Paralympiques. Ils ont leur propre compétition internationale, les Deaflympics (*deaf* : « sourd »), qui se déroule aussi tous les quatre ans.

L'ATHLÉTISME

Autour de la piste, les milliers de spectateurs retiennent leur souffle à chaque sprint, à chaque saut, à chaque lancer. Ils encouragent leurs champions, ils hurlent le nom de leur favori, tapent dans les mains en rythme les bonds et les sauts des athlètes, applaudissent à tout rompre les vainqueurs. Plus que du sport, c'est un véritable spectacle !

La piste d'athlétisme

Jusqu'en 1968, la piste était en terre battue. Mais lors des Jeux de Mexico 1968, les pistes synthétiques, appelées « tartan », apparaissent et les records commencent à tomber ! Jim Hines au 100 m, Tommie « Jet » Smith au 200 m et Lee Evans au 400 m affolent les chronomètres. Sans oublier le record du monde de Bob Beamon au saut en longueur !

La marche athlétique

La marche athlétique (20 km ou 50 km) ressemble à la course, mais dans cette épreuve, il faut toujours avoir au moins un pied qui touche le sol. Au bout de trois fautes de « suspension », c'est la disqualification !

Le demi-fond, le fond et le marathon

Ce sont toutes les courses de 800 m, 1 500 m, 3 000 m steeple, 5 000 m, 10 000 m, ainsi que le marathon (voir pp. 74-75). Pendant ces épreuves, les athlètes ne sont pas obligés de rester dans leur couloir. Le dernier tour de piste est annoncé par un tintement de cloche.

Les sprints

Ce sont les épreuves reines, celles que tout le monde attend. Les coureurs s'alignent sur 100 m, 200 m, 400 m, 100 m haies (femmes) ou 110 m haies (hommes), 400 m haies. La finale du 100 m, même si elle dure moins de 10 secondes, est probablement la course la plus attendue car les vainqueurs deviennent les personnes les plus rapides au monde !

Le saut en longueur et le triple saut

Dans la Grèce antique, la piste d'élan était courte et les athlètes tenaient un poids en pierre dans chaque main. Désormais, la longueur minimale de la piste est de 40 m. En 1968, Bob Beamon a réalisé un saut devenu mythique à 8,90 m, battu de 5 cm par Mike Powell en 1991.

Le discobole vient de la Grèce antique et figurait parmi les disciplines du pentathlon des anciens Jeux grecs, tout comme le javelot, la longueur, la lutte et la course.

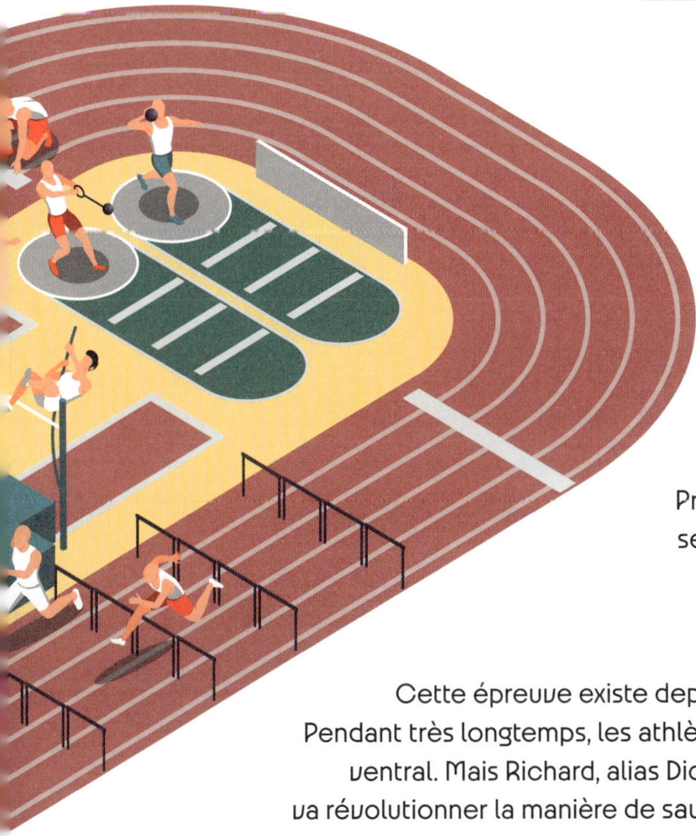

Le saut à la perche

L'épreuve est spectaculaire car l'athlète, après une course d'élan, perche à la main, s'envole dans les airs. Le premier champion, en 1896, fut William Hoyt avec un saut à 3,30 m. Presque un siècle plus tard, Sergueï Bubka sera le premier à franchir la barre des 6 m.

Le saut en hauteur

Cette épreuve existe depuis les premiers Jeux modernes de 1896. Pendant très longtemps, les athlètes sautaient en ciseaux, puis en rouleau ventral. Mais Richard, alias Dick, Fosbury, avec son dos face à la barre, va révolutionner la manière de sauter aux Jeux de Mexico 1968 (voir p. 49).

Le lancer du poids, marteau, disque, javelot

Quatre objets et quatre lancers très différents, mais dont la finalité reste la même : faire atterrir l'objet le plus loin possible ! Le poids est une boule de plusieurs kilos, le marteau est aussi une boule mais reliée par un câble à une poignée. Le javelot consiste à projeter une lance, et le disque ressemble à une assiette que l'on fait tournoyer dans les airs.

LA BOCCIA ET LE GOALBALL

La plupart des sports sont olympiques et paralympiques. Deux d'entre eux, pourtant, n'ont pas leur équivalent aux Jeux Olympiques : la boccia et le goalball.

La boccia

Takayuki Hirose, de l'équipe japonaise, aux Jeux Paralympiques de Tokyo 2020.

La boccia était un sport déjà pratiqué il y a des milliers d'années en Grèce et en Égypte. Les joueurs jetaient des pierres sur une cible. À présent, les athlètes doivent lancer leur lot de six balles en cuir le plus près possible d'une balle cible appelée « Jack ». La boccia, « boule » en italien, s'adresse à toutes les personnes en fauteuil qui présentent une limitation sévère des fonctions motrices.

Cette discipline figure aux Jeux Paralympiques depuis 1984. On peut comparer ce sport à la pétanque ou au curling, mais aussi aux échecs, tant il faut être stratège et avoir toujours un coup d'avance !

Les compétitions sont mixtes, et les matchs sont individuels, ou en double, et divisés en quatre manches. Les joueurs peuvent lancer leur balle en l'air ou vers le sol, la faire rouler, ou bien se servir d'une rampe, ou encore demander l'aide d'un assistant, si le joueur ne parvient pas à saisir seul sa balle. Dans cette catégorie, l'accompagnateur tourne le dos au jeu et ne peut ni parler ni regarder derrière !

Le Portugal domine largement la discipline avec 26 médailles.

Le goalball

Ce sport a été inventé après la Seconde Guerre mondiale pour permettre la rééducation des soldats ayant perdu la vue. Très populaire, il est devenu une discipline paralympique en 1976 pour les hommes et huit ans plus tard pour les femmes.

C'est un sport collectif réservé aux personnes déficientes visuelles. Le but du jeu ? Marquer, en deux mi-temps de 12 min, le plus de points possible en faisant rouler le ballon dans les cages adverses. Les trois membres de chaque équipe se font face sur un terrain aussi grand qu'au volleyball, 18 m de long et 9 m de large. Tour à tour, les joueurs attaquent, puis défendent leurs cages, aussi larges que le terrain. Comment ? En engageant tout leur corps pour bloquer les tirs puissants de l'équipe adverse ! Une fois le ballon récupéré, l'autre équipe n'a que 10 s pour le renvoyer dans les autres buts ! Le lanceur peut effectuer un tour sur lui-même pour donner de la force à son envoi. Et ça peut aller très vite : le ballon file parfois à plus de 80 km/h. Un impératif : la balle doit rebondir au moins une fois dans le camp de l'équipe lanceuse pour que le tir soit validé.

Pour mieux entendre le déplacement du ballon, les spectateurs doivent absolument faire vœu de silence, ce qui s'avère très compliqué quand ils soutiennent une équipe ! Heureusement, la balle contient des grelots à l'intérieur, permettant ainsi de connaître sa position. Le jeu comprend beaucoup de codes qu'utilisent les joueurs pour mieux appréhender un match : combien telle ou telle équipe fait de tirs croisés, de tirs en ligne, quel est le côté le mieux défendu... ?

Parce que les joueurs de goalball n'ont pas toujours le même degré de déficience visuelle, ils doivent tous porter un masque opaque.

Première journée de goalball féminin aux Jeux Paralympiques de Tokyo 2020.

DEVENIR UN CHAMPION

« Le sport va chercher la peur pour la dominer, la fatigue pour en triompher, la difficulté pour la vaincre. »

Pierre de Courbertin

Les Jeux Olympiques ont lieu tous les quatre ans, mais c'est chaque jour que l'athlète y pense. Alors, il va se préparer et s'entraîner encore et encore, se mesurer aux autres lors de rencontres internationales. Une fois sélectionné pour les Jeux, il doit éviter la blessure et garder un mental de champion. Le jour J arrive et l'espoir d'aller le plus loin possible dans la compétition devient réel.

La préparation physique

Ceux qui pratiquent une activité sportive ne cherchent pas simplement le plaisir, mais veulent se dépasser eux-mêmes et, surtout, surpasser leurs adversaires. Ceux qui montent sur le podium ont, pour la plupart, pratiqué le sport dès le plus jeune âge, plusieurs heures par jour, tous les jours de la semaine, ou presque. C'est un travail de très longue haleine. À haut niveau, il ne faut rien négliger, ni le sommeil ni l'alimentation. Les Jeux sont une compétition exceptionnelle, mais, en termes d'efforts, les athlètes y sont tous préparés.

La préparation mentale

Pour le mental, c'est un peu différent, car les Jeux peuvent provoquer un stress considérable. Imagine : une compétition qui a lieu tous les quatre ans, une compétition ultra-médiatisée, suivie par des milliards de téléspectateurs, avec les meilleurs athlètes du monde. Alors, tout comme il entraîne son corps, le sportif va se préparer psychologiquement, car c'est son mental qui fera la différence. Comment dépasser le découragement et la fatigue ? Quelle est la meilleure stratégie à appliquer dans cette épreuve ? Comment prendre l'ascendant psychologique sur un adversaire ?

Aidé par un « coach », un préparateur mental, l'athlète va apprendre, au fil de ses séances, à rester « détendu » le jour J, à être concentré sur son action et sur l'instant présent. Lors de l'épreuve, si quelque chose le déstabilise, il devra se focaliser sur des aspects techniques pour mieux se recentrer sur lui-même. S'il maîtrise ces points-là, la victoire est accessible !

Le jour J

L'athlète de haut niveau va utiliser les différents outils répétés lors de la préparation mentale pour les adapter le jour de la compétition. Ce qu'il a appris lui permettra de prendre les meilleures décisions et d'employer telle ou telle stratégie en fonction de la situation. Un compétiteur peut avoir également des objets fétiches (LA bonne paire de lunettes, LA bonne couleur de combinaison, etc.), des rituels et des superstitions : Serena Williams fait toujours le même nœud aux lacets de ses chaussures ; Michael Phelps, avant de plonger, enlève son casque de musique et balance trois fois les bras en avant ; Teddy Riner porte la ceinture noire de son entraîneur et a toujours avec lui des bonbons à la fraise ; Kevin Mayer se frappe deux fois le cœur avec le poing avant chaque épreuve.

Citation

Kevin Mayer, un peu avant les Jeux de Tokyo 2020, se confiait à un journaliste du *Monde* : « Il faut accepter le stress, qui rend meilleur. C'est un équilibre à trouver. Chacun de mes décathlons m'a apporté énormément d'expériences, et je commence à atteindre un certain niveau de sagesse. »

DÉPASSER SES LIMITES

Nouveau record olympique battu ! Le champion pulvérise le chrono de quelques millièmes de seconde au 50 m papillon. L'athlète devient la meilleure sprinteuse de tous les temps. Qui pourra sauter plus haut, qui pourra lancer plus loin, qui pourra faire mieux ? De nouveaux records sont-ils encore accessibles ? Ou le corps humain a-t-il atteint ses limites ?

Toujours mieux

Grâce aux progrès de la science, les athlètes ont pu développer leurs muscles, adapter leur régime alimentaire et trouver les meilleures méthodes de récupération. À l'aide de matériels (chaussures, raquette de tennis, perche, etc.) et d'installations techniques (*starting-blocks* en 1937, piste en tartan en 1964) de plus en plus performants, les athlètes ont battu régulièrement des records. En athlétisme, le 100 m se court en moins de 10 s depuis une soixantaine d'années, le saut dépasse les 2,45 m en hauteur, les 6 m à la perche, frôle les 9 m à la longueur… Pourtant, depuis quelques années, les records se font plus rares et certains restent inatteignables.

Les limites naturelles

Parce que la fréquence cardiaque a une limite, parce que le temps de réaction au moment du départ, la longueur des foulées sur la piste, la masse musculaire sont, à un moment, empêchés par des contraintes biologiques, l'être humain aurait, semble-t-il, dorénavant peu de chance de battre de nouveaux records. Des chercheurs

Dans une même course, Usain Bolt serait 10 m devant Thomas Burke.

Histoire

Le dopage n'a pas commencé aux Jeux de Séoul 1988. Lors des Jeux antiques, on punissait déjà les tricheurs, convaincus de s'être abreuvés de philtres miraculeux. Dès 1930, les hormones de croissance apparaissent. Les athlètes de l'Allemagne de l'Est et de l'URSS se gavaient de stéroïdes, encouragés par leur propre gouvernement. L'un des plus grands scandales olympiques avec Ben Johnson fut celui de la sprinteuse américaine, Marion Jones. Elle se croyait invincible, mais aux Jeux de Sydney 2000, les prélèvements deviennent sanguins et certaines « drogues » deviennent détectables. Après avoir juré ne pas se doper, l'athlète craque et rend ses cinq médailles au CIO. Elle est condamnée à six mois de prison par la justice américaine pour avoir menti !

ont analysé les dix meilleures performances des 800 m, saut en hauteur et poids. Que ce soit pour les hommes ou pour les femmes, celles-ci se sont améliorées jusque dans les années 1980, avant de stagner puis de baisser, notamment dans le lancer, à cause du dopage alors largement pratiqué.

Les aides techniques

L'humain sera probablement plus « limité » physiquement dans les prochaines années, mais il pourra toujours compter sur des découvertes technologiques qui lui permettront, sans doute, de battre, même de peu, un record établi. À Tokyo en 2021, la nouvelle piste d'athlétisme, constituée de cellules en nid d'abeilles, remplies d'air, a permis d'amortir les chocs et d'offrir plus de ressort. Les chaussures d'un célèbre équipementier, munies d'une plaque en carbone et d'une mousse rebondissante, auraient largement contribué à réduire le coût énergétique de la course. Certains ont même parlé de dopage technologique. D'autres avancent que si le dopage est interdit et rarement décelable, il existerait pourtant des dopages « génétiques » indétectables.

JIM THORPE

le « meilleur athlète » au monde

« Monsieur, vous êtes le meilleur athlète au monde. »

déclare Gustav V, roi de Suède, à Jim Thorpe.

1888-1953
Nationalité : **américaine**
Disciplines : **pentathlon et décathlon**
Taille : **1,87 m**

Palmarès

2 médailles d'or (décathlon et pentathlon) aux Jeux de Stockholm 1912.

Record

Record du monde en décathlon avec 8 412 points, performance qui tiendra jusqu'en 1948.

Mai-juillet 1912, Jeux de Stockholm

Après ses deux titres remportés au décathlon et au pentathlon lors des Jeux de Stockholm 1912, Jim Thorpe, d'origine amérindienne, est couvert d'honneurs et devient un véritable héros national, acclamé par une foule en délire lors de son retour à New York.

Pourtant, ses deux médailles lui sont retirées quelques mois après. La raison ? Il aurait joué, dans les années 1910 dans des matchs de baseball – l'un des sports dans lesquels l'étudiant d'alors excellait – contre quelques dollars. Or, à cette époque (et jusqu'en 1984), les athlètes ne peuvent en aucun cas être des « professionnels », ils doivent rester des « amateurs ». Ainsi, ce sportif exceptionnel aurait enfreint la loi 26 du règlement du Comité international olympique qui proscrit à toute personne ayant gagné de l'argent dans une activité sportive de participer aux Jeux.

Mais on raconte que sa sanction ne serait pas due à son professionnalisme, mais plutôt à ses origines amérindiennes. La ségrégation et le racisme étaient à l'époque bien plus qu'une réalité. Aux États-Unis, les guerres « indiennes », c'est-à-dire les guerres entre natifs du continent américain et Européens partant à la conquête du pays, n'ont cessé qu'en 1898, et la citoyenneté américaine ne sera donnée aux Indiens d'Amérique qu'en 1924.

Soixante-dix ans plus tard, et trente ans après sa mort, Jim Thorpe est réhabilité, mais ses records ne sont toujours pas homologués et il apparaît co-vainqueur du pentathlon et du décathlon. Seule satisfaction pour sa famille : il est reconnu par un sondage et un journal américain comme « le plus grand athlète du XXe siècle ».

Ci-contre : Jim Thorpe lançant le poids aux Jeux de Stockholm 1912.

Ve OLYMPIADE

Jeux de Stockholm (Suède)

5 mai-27 juillet 1912

Athlètes : 2 407, dont 50 femmes

Sports : 14

Épreuves : 102

Nations : 28 (pour la première fois, les cinq continents sont représentés)

Classement :
États-Unis
Suède
Grande-Bretagne

Lexique

Le pentathlon compte cinq épreuves : le saut en longueur, le javelot, le disque, le 200 m et le 1 500 m. Le décathlon en compte cinq de plus : le 100 m, le poids, la hauteur, le 400 m et le 110 m haies.

Histoire

À partir des Jeux de Stockholm 1912 ont lieu des compétitions de musique, de peinture, de sculpture, d'architecture et de littérature. Ces travaux artistiques, qui devaient s'inspirer du sport, disparaissent en 1948, les performances sportives ayant les préférences du public. Pierre de Coubertin a gagné la médaille d'or, sous un faux nom, et déclamé « Ô sport, plaisir des dieux, essence de vie » !

JOHNNY WEISSMULLER

la superstar

« Oublie tout ce que tu connais, tu vas travailler sans chercher à comprendre, tu vas me haïr, mais tu vas battre tous les records »,

aurait dit son entraîneur Bill Bachrach.

1904-1984
Nationalité : **américaine**
Discipline : **nage libre**
Taille : **1,90 m**

Palmarès
5 médailles aux 100 m, relais 4 x 200 m et 400 m aux Jeux de Paris 1924 et Amsterdam 1928.

Ci-dessus :
Johnny Weissmuller aux Jeux de Paris 1924.

Mai-juillet 1924, Jeux de Paris

Lors de ces Jeux Olympiques, le jeune Johnny Weissmuller, né de parents autrichiens dans l'empire austro-hongrois, pulvérise tous ses concurrents. Plus précisément, il domine de sa taille et de son talent des adversaires quasi inexistants. L'homme-poisson est le premier nageur à descendre sous la minute au 100 m en piscine olympique alors qu'il n'a que 18 ans. Il ne perdra aucune course en compétition jusqu'à sa retraite sportive et collectionnera, de nombreuses années durant, les records du monde : 67 records et 52 titres de champion des États-Unis !

Dans la piscine des Tourelles du XXe arrondissement de Paris, le nageur va pouvoir montrer tout son talent. Il plonge loin du plot, contrairement à ses concurrents, retient sa respiration le plus longtemps possible avant de remonter à la surface et bat des bras à un rythme accéléré, tout en maintenant sa tête hors de l'eau. Cette technique est la bonne, car avec son crawl puissant, il s'impose à la finale du 400 m, au 100 m et au relais 4 x 200 m nage libre, puis il gagne la médaille de bronze au water-polo. Mais rien n'est jamais assez pour le superbe athlète qui remportera, quatre ans plus tard, deux autres médailles d'or au 100 m et 4 x 200 m.

Johnny Weissmuller ne s'arrête pas là : sa plastique parfaite, digne d'une statue grecque, fait de lui une star du grand écran. Il va incarner dans 12 films le célèbre homme-singe, Tarzan, roi de la jungle.

VIIIe OLYMPIADE

Jeux de Paris (France)

4 mai-27 juillet 1924

Athlètes :
3 089,
dont 135 femmes

Sports :
17

Épreuves :
126

Nations :
44

Classement :
États-Unis
France
Finlande

Histoire

L'Allemagne, mise au ban des nations après la Première Guerre mondiale, est exclue de la compétition et la toute jeune URSS ne veut pas y participer. Lors de cette olympiade, plus aucune exclusion de minorités, bien au contraire. Les grandes puissances coloniales, comme la France et la Grande-Bretagne, encouragent les athlètes de leur empire à se battre pour gagner des médailles. Les États-Unis se mettent à soutenir leurs minorités.

Histoire

Si l'homme a toujours nagé pour pêcher, ce n'est qu'au XIXe siècle que la natation devient un sport, puis une discipline olympique en 1896 pour les hommes et en 1912 pour les femmes. Les épreuves de natation de course comprennent la nage libre – au choix du nageur qui préfère toujours le crawl –, le papillon, la brasse et le dos crawlé.

KÁROLY TAKÁCS

1 médaille d'or aux Jeux de Londres 1948 et 1 aux Jeux d'Helsinki 1952

Militaire de carrière, ce champion de tir ne peut participer aux Jeux de Berlin 1936, car seuls les officiers supérieurs y ont droit. Deux ans plus tard, il perd sa main droite lors d'une séance d'entraînement. Il ne se décourage pas et apprend à tirer de la main gauche. Il devra attendre les Jeux de Londres 1948 pour montrer tout son talent aux yeux du monde. Un exploit que l'« homme à la main d'or » renouvellera quatre ans plus tard aux Jeux d'Helsinki 1952.

Nationalité : **hongroise**
Discipline : **tir**

JOHN TAYLOR

1 médaille d'or aux Jeux de Londres 1908

Étudiant brillant, vétérinaire par la suite, il est le seul coureur afro-américain de son équipe d'athlétisme au lycée. Il concourt, à 26 ans, aux Jeux de Londres 1908, réalise les meilleurs temps en série et participe au relais 4 x 400 m. Mais son compatriote Carpenter est disqualifié et la course est programmée une seconde fois, sans ce dernier. Par solidarité, Taylor et un autre refusent d'y participer et cèdent ainsi la victoire aux Anglais. Le jeune champion deviendra un héros lorsqu'il permet à son équipe de remporter le relais olympique américain. C'est le premier Afro-américain médaillé d'or, vingt-huit ans avant Jesse Owens à Berlin. Il meurt peu après les Jeux de Londres 1908 de la fièvre typhoïde.

John Taylor lors d'un stage d'entraînement aux Jeux de Londres 1908.

Nationalité : **américaine**
Discipline : **relais**

PAAVO NURMI

9 médailles d'or lors des Jeux de 1920 à 1928

Surnommé le « Finlandais volant », c'est lui qui invente l'entraînement au chronomètre. Il ne s'en sépare ni pour courir, ni pour manger, ni pour dormir. Il fractionne ses courses, en alternant marche et course et en réglant sa foulée sur son souffle. C'est payant. Aux Jeux de Paris 1924, il gagne cinq médailles d'or, avec deux victoires en moins d'une heure : le 1 500 m et le 5 000 m. Son train d'enfer le fait régner plus de quatorze ans sur les pistes cendrées du monde entier et battre 22 records du 1 500 m au 20 km. Le plus grand coureur de tous les temps sera disqualifié pour professionnalisme juste avant les Jeux de Los Angeles 1932.

Paavo Nurmi lors d'une compétition en 1926.

Nationalité : **finlandaise**
Discipline : **demi-fond**

ALFRÉD HAJÓS

2 médailles d'or aux Jeux d'Athènes 1896

C'est l'un des plus jeunes médaillés de ces premiers Jeux d'Athènes 1896. Même s'il excelle dans plusieurs disciplines d'athlétisme (100 m, 400 m, lancer du disque) et au football, c'est en pleine mer sur 100 m et 1 200 m nage libre qu'il remporte ses médailles d'or. Son astuce pour résister au froid aquatique ? S'enduire le corps d'une couche de graisse. Aux Jeux de Paris 1924, il finit 2e dans une tout autre compétition olympique : celle d'architecture pour son projet de « stade idéal » !

Nationalité : **hongroise**
Discipline : **nage libre**

VICTOR BOIN

Multi-médaillé d'or aux Jeux de Londres 1908, de Stockholm 1912 et d'Anvers 1920

Déjà couronné « plus beau bébé » à l'âge de 2 ans, félicité à 11 ans pour avoir sauvé une femme de la noyade, il devient un sportif accompli, se passionnant pour le hockey sur glace, le patinage, la boxe, le jiu-jitsu… Aux Jeux de Londres 1908, il remporte une médaille d'argent en water-polo et une en natation, une médaille de bronze quatre ans plus tard en escrime et en water-polo, et enfin une autre médaille d'argent en escrime aux Jeux d'Anvers 1920 ! Victor Bouin est bon partout !

Nationalité : **belge**
Disciplines : **variées**

JESSE OWENS

le dieu du stade

**« On attend plus qu'une chose :
que parte le coup de feu.
Oui, je me rappelle. Tellement bien.
Je me suis baissé, mis en position,
j'ai vu le sol du stade. Et je suis parti.
Pour la grande course de ma vie. »**

Jesse Owens

1913-1980
Nationalité : **américaine**
Disciplines : **sprint et saut en longueur**
Taille : **1,78 m**

Palmarès
4 médailles d'or sur 100 m, 200 m, 4 x 100 m et saut en longueur aux Jeux de Berlin 1936.

Record
8,13 m en saut en longueur, performance qu'il garde jusqu'en 1960.

Août 1936, Jeux de Berlin

Le 1er août, le porteur de flamme pénètre dans le stade et passe devant 4 000 officiers nazis. Drapeaux olympiques et croix gammées flottent dans les tribunes. Des dizaines de milliers de spectateurs, les bras tendus, reprennent en chœur l'hymne nazi. Le chancelier Adolf Hitler a réussi à convaincre le CIO et les Américains que les nazis, au pouvoir depuis 1933, ne détestent pas les Juifs, et que s'ils ne participent pas, c'est à cause de leur « petite forme ». Il invite pourtant Helene Mayer à rejoindre l'équipe allemande pour contrecarrer la campagne de boycottage des Jeux. L'athlète, dont « seul » le père est juif, s'est exilée aux États-Unis pour échapper aux persécutions antisémites. Contre toute attente, elle accepte la proposition et monte sur

Ci-contre : Jesse Owens aux Jeux de Berlin 1936.

Article 6 des principes fondamentaux de l'olympisme

« Toute forme de discrimination à l'égard d'un pays ou d'une personne fondée sur des considérations de race, de religion, de politique, de sexe ou autres est incompatible avec l'appartenance au Mouvement olympique. »

Histoire

Les Jeux « nazis » de Berlin sont les premiers Jeux filmés. La retransmission se fait uniquement autour de la capitale allemande et la compétition est vue par 162 000 personnes. Dès lors, chaque olympiade sera filmée. La télévision permettra à l'olympisme de se répandre sur toute la planète.

la deuxième marche du podium dans l'épreuve d'escrime. Lors de la cérémonie, elle porte un brassard à croix gammée et fait le salut nazi, convaincue de ne pas être juive.

Durant cette olympiade, le Führer tient à prouver au monde entier la toute-puissance du Reich et la supériorité de la « race aryenne ». Un jeune homme noir, américain, descendant d'esclaves, va pourtant donner tort à la théorie de Hitler et deviendra le héros incontesté de ces « Jeux de la honte ».

Jesse Owens s'aligne sur 100 m et le remporte. Il court le 200 m qu'il gagne. Son équipe franchit également la ligne d'arrivée en premier lors du relais 4 x 100 m. Au saut en longueur, le recordman du monde avec ses 8,13 m mord ses deux premiers sauts. Il ne lui en reste plus qu'un pour espérer se qualifier en finale. Un Allemand, Carl Long, va lui donner un précieux conseil qui permet à l'Américain de sauter 8,06 m et de remporter le concours devant Long, devenu son ami.

Bien que le Président américain Gerald Ford ait déclaré : « Jesse Owens a réussi un exploit qu'aucun homme d'État, aucun journaliste, aucun général n'aurait pu réaliser : il a forcé Hitler à sortir du stade », on n'en a aucune preuve. Ce qui est sûr en revanche, c'est que le méga-athlète, bien que couvert d'or, ne sera pas reçu par le Président américain Franklin Delano Roosevelt. Jesse reste un Noir, aux États-Unis, un pays où la ségrégation demeure la norme.

XIe OLYMPIADE

Jeux de Berlin (Allemagne)

1er-16 août 1936

Athlètes :
3 963, dont 330 femmes

Sports :
19

Épreuves :
129

Nations :
49

Classement :
Allemagne
États-Unis
Hongrie

MICHELINE OSTERMEYER

la virtuose

« J'ai fait de nombreuses heures de piano pendant ma jeunesse, j'en faisais même 6 heures par jour quand j'avais 12 ans, et je suppose que ça m'a développé des avant-bras et des biceps et que ça m'a servi pour le lancer de poids. En dehors de ça, je suppose aussi que l'apprentissage de gestes aussi compliqués que ceux d'un pianiste m'a facilité l'apprentissage rapide et c'est peut-être pour ça que j'ai lancé le disque comme ça, abruptement, et avec succès. »

Micheline Ostermeyer

1922-2001
Nationalité : **française**
Disciplines :
lancers de marteau et de disque, saut en hauteur... et piano
Taille : **1,79 m**

Palmarès

2 médailles d'or et 1 de bronze aux Jeux de Londres 1948.

Ci-dessus :
Micheline Ostermeyer lançant le disque aux Jeux de Londres 1948.

5 août 1948, Jeux de Londres

Lorsque Micheline voit l'affiche des Jeux de Londres 1948, elle se dit que c'est sans doute un signe. *Le Discobole*, célèbre statue de l'Antiquité grecque aux proportions parfaites, représente un lanceur de disques.

Un mois avant le début des épreuves, la championne de France du lancer de poids s'est entraînée au lancer de disque. Et pourquoi pas, les gestes ne sont pas si éloignés que ça. On tourne sur soi-même, on prend appui sur sa jambe et on donne toute sa force à l'objet. La jeune fille a passé tant d'heures au piano, à faire courir ses doigts sur

Histoire

1948 : pour ces premiers Jeux Olympiques d'après-guerre, l'esprit est à la fête et à l'oubli, autant que possible. Les deux nations vaincues, l'Allemagne et le Japon, ne sont pas invitées, l'URSS de Staline fait l'impasse. L'Europe est en ruines. Londres, ravagée et soumise à un rationnement très strict, loge les athlètes dans des casernes militaires. Les délégations sportives viennent avec leur propre nourriture, les Italiens avec des pâtes, les Français avec du vin rouge, car la boisson alcoolisée apporterait tout ce dont a besoin un sportif pour étinceler sur les pistes ! Les États-Unis règnent en superstar en athlétisme et en natation, les Français se classent 3e avec 11 médailles d'or, 8 d'argent et 15 de bronze.

les touches blanches et noires, qu'elle s'est peut-être préparée, sans le savoir, à devenir une championne du lancer !

Quatre jours auparavant, elle est devenue la première championne olympique française dans une discipline d'athlétisme. Son disque a plané longtemps au-dessus du sol avant de se poser à 41,92 m. Cet après-midi, l'athlète passe la seconde épreuve, celle du lancer de poids. Deux-trois tours sur elle-même, le bras s'étire, le poids vole loin et tombe à 13,75 m.

La Marseillaise retentit une seconde fois lorsqu'elle monte sur la première marche du podium. Bravo maestro, deux médailles d'or, pas mal pour une première ! Elle a 26 ans.

Micheline, le prodige, salue, remercie, puis court se changer. Ce soir, elle donne un récital de Beethoven. Le public du Royal Albert Hall, qui ignore tout de sa prouesse de l'après-midi, applaudit à tout rompre, tout comme celui du stade quelques heures auparavant. Micheline, la virtuose, se lève, salue et remercie. Mais elle doit partir. Le lendemain, elle dispute l'épreuve du saut en hauteur.

La remarquable et remarquée Micheline Ostermeyer, pianiste et premier prix de conservatoire en 1946, met fin à sa carrière sportive en 1951 avec un palmarès incroyable, dont trois médailles olympiques, une médaille d'argent aux championnats d'Europe et 12 titres de championne de France.

Elle continuera à jouer du piano toute sa vie.

XIVe OLYMPIADE

Jeux de Londres (Grande-Bretagne)

29 juillet-14 août 1948

Athlètes :
4 104,
dont 390 femmes

Sports :
17

Épreuves :
136

Nations :
59

Classement :
États-Unis
Suède
France

EMIL ZÁTOPEK

l'athlète d'exception

« Je n'ai pas assez de talent pour sourire et courir en même temps. Je courrai dans un style parfait quand on jugera la beauté d'une course sur un barème, comme en patinage artistique. Mais moi, pour le moment, il faut juste que j'aille le plus vite possible. »

Emil Zátopek

1922-2000
Nationalité : **tchécoslovaque**
Disciplines : **5 000 m, 10 000 m et marathon**
Taille : **1,82 m**

Palmarès

3 médailles d'or sur 5 000 m, 10 000 m et marathon aux Jeux d'Helsinki 1952.

Records

38 victoires d'affilée sur 10 000 m de 1948 à 1954, 18 records, trois fois champion d'Europe.

Juillet 1952, Jeux d'Helsinki

Il a l'air épuisé, il tire la langue, il grimace, il balance la tête de droite à gauche, il avance tout en à-coups. C'est ainsi qu'Emil Zátopek court, la performance l'emporte sur le style. Il s'entraîne en fixant des poids à ses chevilles, il aime faire souffrir ses jambes, et exécute inlassablement des fractionnés, une technique qui ne deviendra la norme que bien plus tard : il alterne des phases de travail intense, jusqu'à 100 tours de piste en une seule journée, et des phases de récupération plus courtes, et cela s'avère payant. Il aurait fait trois fois le tour de la Terre rien qu'en s'entraînant, dit-on.

Lorsqu'il participe aux Jeux d'Helsinki 1952, Emil Zátopek est loin d'être un inconnu. Dans son pays, il est l'idole du

Histoire

C'est le retour de l'Allemagne et du Japon qui n'étaient plus invités depuis la fin de la Seconde Guerre mondiale. L'URSS, qui faisait l'impasse depuis 1912, revient avec plusieurs pays « satellites » (pays de l'Europe de l'Est). Les deux grandes puissances mondiales, les États-Unis et l'URSS, s'affrontent dans des épreuves sportives. Les villages olympiques sont séparés, d'un côté les athlètes de l'Ouest, de l'autre ceux de l'Est. Sous la pression des médias, les Soviétiques autorisent l'ouverture de leur village et les téléspectateurs assistent à de belles scènes de fraternisation entre les peuples.

Ci-contre : Emil Zátopek aux Jeux d'Helsinki 1952.

peuple. À l'international, tout le monde sait qu'il est un grand champion. Quatre ans auparavant, aux Jeux de Londres 1948, il avait remporté la médaille d'or au 10 000 m et s'était hissé sur la deuxième marche du podium au 5 000 m. Ici, dans la capitale finlandaise, la « locomotive tchèque » va faire mieux et remporter trois courses : le 5 000 m, le 10 000 m et le marathon, laissant derrière lui le Français Alain Mimoun. Au marathon, son premier en compétition, il pulvérise l'ancien record de 6 min et le finit en 2 h 23. Au 19e kilomètre, il aurait dit, en rejoignant le grand favori Jim Peters, « Je n'ai jamais couru de marathon avant. Ne crois-tu pas que nous devrions courir un peu plus vite ? »

C'est un exploit inédit et inégalé : il est et reste le seul à avoir gagné ces trois grandes courses de fond, en quelques jours d'intervalle, lors d'une même édition des Jeux.

Emil Zátopek participe encore aux Jeux de Melbourne 1956, où il finit 6e du marathon, derrière le vainqueur de l'épreuve, Alain Mimoun, son ami et principal rival, longtemps appelé « l'ombre de Zátopek ».

Nommé colonel à la fin de la guerre en 1945, le Tchèque est exclu de l'armée en 1968 parce qu'il soutient la démocratie et ose critiquer son propre gouvernement, sous contrôle de l'URSS. Considéré comme un traître, il sera contraint de travailler dans une usine d'uranium, refusant toutes les propositions d'exil.

XVe OLYMPIADE

Jeux d'Helsinki (Finlande)

19 juillet-3 août 1952

Athlètes :
4 955,
dont 519 femmes

Sports :
17

Épreuves :
149

Nations :
69

Classement :
États-Unis
URSS
Hongrie

MOHAMED ALI

le plus grand

« Vole comme un papillon, pique comme une abeille. »

Mohamed Ali

1942-2016
Nationalité : **américaine**
Sport : **boxe**
Taille : **1,87 m**

Palmarès

1 médaille d'or aux Jeux de Rome 1960.

Records

61 combats professionnels, 56 victoires, dont 37 par K.-O.

Finale des mi-lourds, septembre 1960, Jeux de Rome

Il a l'air de danser sur la pointe des pieds, les bras le long du corps, puis soudain, il attaque et frappe son adversaire, le Polonais Pietrzykowski. Le jeune boxeur Cassius Clay, âgé de tout juste 18 ans, vient de l'emporter, au bout de trois rounds à peine, contre le triple champion d'Europe.

C'est la seule médaille d'or qu'il accrochera autour de son cou, avant de passer professionnel, mais cette victoire marque le début d'une carrière légendaire.

Né en 1942 dans le Kentucky, aux États-Unis, Cassius Clay sera longtemps confronté au racisme. On raconte qu'il aurait jeté sa médaille d'or olympique dans la rivière Ohio après qu'un serveur a refusé de prendre sa commande dans un restaurant. Dans les années 1960, l'Amérique est ségrégationniste et il n'est toujours pas bien vu d'être noir.

Le héros ne se laisse pas faire, provoque volontiers par ses propos, et utilise le ring pour se faire entendre.

Cassius Clay se convertit à l'islam et devient Mohamed Ali, en 1964. Il continue les combats et le boxeur est couronné champion du monde, catégorie poids lourds, 14 années de suite, de 1964 à 1978.

Tout au long de son règne, il revendique son opposition à la guerre du Vietnam et milite pour l'égalité des droits en faveur des Afro-américains. Ces prises de position font tiquer pas mal de monde. Ses titres lui sont enlevés et on lui interdit de combattre pendant plus de trois ans.

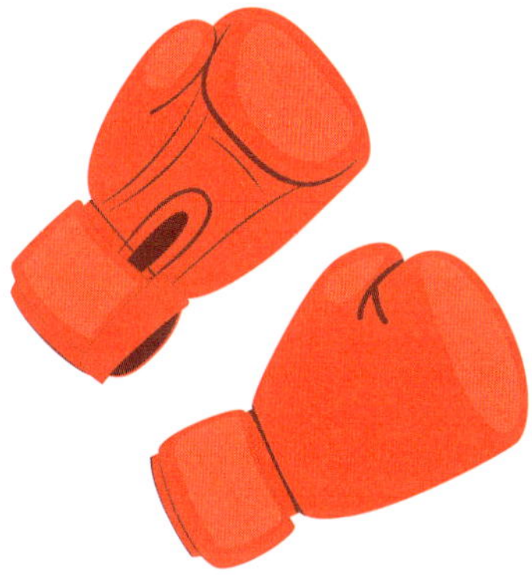

Le champion se relève, toujours, et va marquer définitivement les esprits après ses affrontements contre Joe Frazier à New York, en 1971, et contre George Foreman à Kinshasa, en 1974.

Aux Jeux d'Atlanta 1996, il est choisi pour allumer la vasque olympique. Atteint par la maladie de Parkinson, celui qui est entré dans la légende a la main qui tremble ; une image qui marque les esprits.

Ci-contre : Mohamed Ali l'emporte contre le Polonais Tadeusz Pietrzykowski aux Jeux de Rome 1960.

Histoire

1960 : le début des décolonisations a des conséquences sur le nombre de pays et d'athlètes qui augmente considérablement. Les premiers Jeux Paralympiques de l'histoire font leur apparition (voir pp. 20-21).
Et ce sont les premiers Jeux diffusés en direct à la télévision dans 18 pays européens et avec une heure de décalage, aux États-Unis, au Canada et au Japon.

XVIIe OLYMPIADE

Jeux de Rome (Italie)

25 août-11 septembre 1960

Athlètes : 5 338, dont 611 femmes

Sports : 17

Épreuves : 150

Nations : 83

Classement :
URSS
États-Unis
Italie

Jeux Paralympiques :
400 athlètes

WILMA RUDOLPH

3 médailles d'or aux Jeux de Rome 1960 et 1 médaille de bronze aux Jeux de Melbourne 1956

Dix-septième enfant d'une fratrie de vingt et un, la petite Wilma se bat très jeune contre son propre corps. Les pneumonies, scarlatines et la polio n'entament pourtant en rien sa détermination. Aux Jeux de Melbourne 1956, elle a 16 ans et décroche le bronze au relais. Aux Jeux de Rome 1960, quatre ans plus tard, Wilma devient la « gazelle noire » et remporte trois titres et inscrit deux records du monde. Si Jesse Owens n'avait pas été reçu par Roosevelt en 1936, la coureuse sera félicitée par le président Kennedy.

Nationalité : **américaine**
Disciplines : **100 m, 200 m et 4 x 100 m - athlétisme**

LARISSA LATYNINA

18 médailles : 9 en or, 5 en argent et 4 en bronze de 1956 à 1964

Personne d'autre que Larissa n'a réussi à remporter autant de médailles en trois Jeux. À presque 22 ans, la gymnaste brille aux Jeux de Melbourne 1956 où elle termine première au cheval et en équipe. Quatre ans plus tard, elle décroche l'or au sol, aux barres asymétriques et à la poutre, ainsi que dans le concours multiple et en équipe. À presque 30 ans, lors des Jeux de Tokyo, la prodigieuse gymnaste est encore au rendez-vous et glane une nouvelle médaille d'or au sol et une en équipe. Elle est la femme inatteignable. Seuls le coureur Nurmi, le nageur Spitz et le sprinteur Lewis sont montés neuf fois sur la plus haute marche. Michael Phelps a cependant réussi, en 2012, à la détrôner : 23 médailles d'or ! Mais elle reste à tout jamais l'impératrice de la gymnastique artistique.

Nationalité : **soviétique (ukrainienne)**
Sport : **gymnastique**

Larissa Latynina aux Jeux de Tokyo 1964.

FANNY BLANKERS-KOEN

4 médailles d'or aux Jeux de Londres 1948

Trop femme, trop mère, trop vieille… Rien n'a été épargné à la méga-athlète, victime de la discrimination et du sexisme qui ont régné pendant tant d'années dans le sport. La sprinteuse est pourtant une véritable championne : à 30 ans, elle remporte, durant les Jeux de Londres 1948, pas moins de 11 courses et monte quatre fois sur la plus haute marche du podium. Il est fort possible qu'elle aurait, elle, la détentrice du record mondial du saut en longueur et du saut en hauteur, pu accrocher à son cou deux autres médailles si elle avait été autorisée à participer à plus d'épreuves.

Nationalité : **néerlandaise**
Discipline : **200 m - athlétisme**

Fanny Blankers-Koen aux Jeux de Londres 1948.

BETTY CUTHBERT

3 médailles d'or aux Jeux de Melbourne 1956 et 1 aux Jeux de Tokyo 1964

Cette athlète est exceptionnelle : elle est la seule à avoir remporté les trois épreuves individuelles de sprint (100 m, 200 m, 400 m), et elle n'a que 18 ans. Peu de semaines avant les Jeux de Sydney, elle achète des billets pour assister aux épreuves depuis les tribunes. Mais l'histoire est bien plus belle ! La jeune athlète se qualifie pour les Jeux quelques semaines avant, en battant tout simplement le record du monde du 200 m ! La « golden girl » continue de battre des records sur plusieurs distances et remporte une médaille d'or lors du premier 400 m olympique féminin en 1964. Atteinte de sclérose en plaques, c'est en fauteuil roulant qu'elle porte la flamme olympique, lors des Jeux de Sydney 2000.

Nationalité : **australienne**
Disciplines : **100 m, 200 m, 400 m et 4 x 100 m - athlétisme**

MARK SPITZ

2 médailles d'or aux Jeux de Mexico 1968 et 7 aux Jeux de Munich 1972

Déçu par la maigre récolte de médailles lors des Jeux de Mexico 1968, le jeune Mark prépare sa revanche. Quatre ans plus tard, à Munich, en sept jours et sept courses, il bat sept records du monde et gagne sept médailles d'or ! Le champion a 22 ans et met un terme à sa carrière, conscient qu'il ne pourra jamais faire mieux. Il va conserver pendant trente-six ans le record du plus grand nombre de médailles d'or obtenues lors d'une même olympiade, avant d'être surpassé par le génial Michael Phelps (voir p. 81).

Nationalité : **américaine**
Disciplines : **100 m, 200 m nage libre et papillon**

DE SUPERBES HÉROS

Tommie Smith

« Il a suffi de quelques secondes pour que l'Amérique fasse de moi un paria. Mais il a fallu 35 ans pour qu'elle me transforme en héros. »

Tommie Smith

1944
Nationalité : **américaine**
Discipline : **200 m - athlétisme**
Taille : **1,91 m**

Palmarès

1 médaille d'or au 200 m aux Jeux de Mexico 1968.

Ci-dessus :
Tommie Smith et John Carlos levant un poing ganté de noir sur le podium aux Jeux de Mexico 1968.

Octobre 1968, Jeux de Mexico

L'année 1968 a été mouvementée dans le monde entier : vagues de contestation contre l'ordre établi en France, contre la guerre du Vietnam aux États-Unis, répression par les chars soviétiques de la révolte à Prague, assassinat de Martin Luther King, le chantre de la réconciliation des peuples... L'Afrique du Sud a été invitée, ce pays où règne l'Apartheid, la séparation entre Blancs et Noirs. On appelle au boycott. La nation africaine n'est plus conviée et restera bannie jusqu'aux Jeux de Barcelone 1992, une année après la fin de l'Apartheid.

Les Jeux ont lieu en ce début d'automne. Le jeune étudiant américain Tommie Smith remporte la finale du 200 m et bat le record du monde en 19,83 s. Lors de la remise des médailles, l'athlète et son compatriote John Carlos, médaille de bronze, lèvent un poing ganté de noir, symbole de lutte contre la ségrégation. Pour dénoncer le sort réservé aux Noirs américains, ils baissent la tête lorsque l'hymne des États-Unis retentit. Les télévisions du monde entier retransmettent en direct les images. Stupeur générale. Les deux champions quittent le stade sous les huées du public.

À cause de leur engagement en faveur de l'égalité interraciale dans le sport et plus généralement aux États-Unis, Tommie Smith et John Carlos sont exclus de leur équipe olympique et interdits de compétition à vie. Ils ne seront honorés qu'en 2016 par le président Barack Obama.

Bob Beamon aux Jeux de Mexico 1968.

Bob Beamon

2 247 m d'altitude. Air raréfié. La piste d'athlétisme change de texture et le synthétique, appelé « tartan », fait tomber des records. Lors des qualifications, le jeune Américain Bob Beamon mord ses deux premières planches mais réussit le troisième saut à 8,19 m. Cela est suffisant pour la finale du lendemain. Le temps est orageux. L'athlète a peu dormi. Il s'élance, une-deux-trois… foulées amples, le pied d'appel est parfaitement positionné sur la planche et il s'envole haut, très haut, loin, très loin… En l'air, il mouline avec ses bras et ses jambes pour garder son équilibre. Le saut est bon, mais les résultats tardent. Les officiels doivent aller chercher le décamètre tant le bond est prodigieux : 8,90 m, 55 cm de mieux que le record précédent, 71 cm devant le 2e, un record qui ne sera battu qu'en 1991 de 5 cm par Mike Powell. Du jamais vu.

Bob Beamon devient « l'araignée de l'espace ».

1946
Nationalité : **américaine**
Discipline : **saut en longueur**
Taille : **1,91 m**

Palmarès

1 médaille d'or en saut en longueur aux Jeux de Mexico 1968.

XIXe OLYMPIADE

Jeux de Mexico (Mexique)

12-27 octobre 1968

Athlètes : 5 516, dont 781 femmes

Sports : 18

Épreuves : 172

Nations : 112

Classement :
États-Unis
URSS
Japon

Jeux Paralympiques : 70 athlètes

COLETTE BESSON

la petite fiancée

1946-2005
Nationalité : **française**
Discipline :
400 m - athlétisme
Taille : **1,70 m**

Palmarès

1 médaille d'or au 400 m aux Jeux de Mexico 1968.

Ci-dessus :
Colette Besson remportant la finale du 400 m aux Jeux de Mexico 1968.

Octobre 1968, Jeux de Mexico

Grâce aux manifestations et à la grève générale de mai 1968, la jeune enseignante de 22 ans ne peut plus se rendre dans son école, les établissements scolaires ayant fermé. Elle part alors s'entraîner dans les Pyrénées, à Font-Romeu, à plus de 2 000 m, une très bonne altitude pour se préparer aux 2 247 m des Jeux de Mexico 1968.

Quatre mois plus tard, la voici, totalement inconnue du grand public et complètement ignorée par la presse, au couloir n° 5, sur la ligne de départ de la finale du 400 m. La course commence et l'Anglaise Lillian Board, la favorite, refait son décalage sur la Française. Au début de la ligne droite, Colette n'est que 5e mais ne se laisse nullement abattre. Elle allonge sa foulée et commence par doubler une concurrente, puis une deuxième… jusqu'à l'arrivée. Elle plie le buste, victoire, elle est championne olympique, en 52 s, nouveau record d'Europe, à 1 s devant Lillian Board ! Colette Besson analysera par la suite sa course : « [Mon entraînement à 2 000 m] explique ma dernière ligne droite. Les autres ont craqué, elles manquaient d'air. »

Elle devient la « petite fiancée de la France » et la première médaillée d'or française depuis Micheline Ostermeyer en 1948.

RICHARD FOSBURY

l'audacieux

Octobre 1968, Jeux de Mexico

C'est lui qui réinvente le saut en hauteur. Jusqu'à présent, les athlètes franchissaient la barre en ciseaux ou en rouleau ventral. Fosbury ne décolle pas très haut avec ces techniques et il plafonne à 1,80 m en ciseaux. Il met alors au point son propre style : une course d'élan en demi-cercle, puis un saut dans lequel il engage le bras, puis place ses épaules, creuse le dos et s'enroule autour de la barre en relevant les pieds au dernier moment. Une sorte de « ventral inversé » que son entraîneur n'approuve pas, mais que rien n'interdit dans le règlement.

Le jour de la finale, il y a ceux qui s'élèvent en pratiquant le rouleau ventral ou les ciseaux, puis un athlète qui préfère présenter son dos à la barre. Il fait bien car il bat le record olympique avec un saut de 2,24 m. Le public applaudit à tout rompre, le jury conteste le saut avant de le valider. Depuis, la technique ultra-élégante du saut en hauteur s'appelle le Fosbury ou « Fosbury flop ». C'est ainsi que le Cubain Javier Sotomayor a établi le record du monde à 2,45 m, soit presque 50 cm de plus que sa taille !

1946
Nationalité : **américaine**
Discipline :
saut en hauteur
Taille : **1,93 m**

Palmarès

1 médaille d'or
au saut en hauteur
aux Jeux de Mexico 1968.

Ci-dessus :
Richard Fosbury battant le record olympique lors des Jeux de Mexico 1968.

NADIA COMĂNECI

l'ange blanc

« Ne cherchez plus l'ange blanc, le voilà ! On ne juge pas les anges. Certes, la jeune écolière roumaine a obtenu la note, jamais vue, de la perfection. Ce record-là ne pourra, par définition, être battu mais il est de peu d'importance au regard de la performance qualitative que Nadia Comăneci vient d'établir. Celui-ci aura la vie plus dure encore aux yeux du souvenir. »

Antoine Blondin, écrivain, journaliste pour l'*Équipe*.

1961
Nationalités : **roumaine et américaine**
Sport : **gymnastique**
Taille : **1,62 m**

Palmarès

3 médailles d'or, 1 d'argent (par équipe) et 1 de bronze au sol aux Jeux de Montréal 1976.
2 médailles d'or et 2 d'argent aux Jeux de Moscou 1980.

Records

Elle obtient la note parfaite de 10 à sept reprises.

Barres asymétriques, 17 juillet 1976, Jeux de Montréal

14 ans et des poussières, 1,62 m, 38 kg, icône nationale pour son pays, reconnue par le monde gymnaste pour être l'une des meilleures techniciennes. Avant ce jour, elle s'est entraînée des heures durant, des années durant dans son petit village roumain, auprès de Béla et Márta Károlyi, pour atteindre ce niveau d'excellence. Elle n'avait que 6 ans quand elle a débuté, et savait déjà faire la roue. Elle était agile et souple, les qualités essentielles pour une gymnaste. C'est une poupée qui se tord dans tous les sens. C'est une petite fille qui répète ses enchaînements jusqu'à l'obsession. Gagner, il faut gagner.

Histoire

Les Jeux de Montréal 1976 sont marqués par le boycott de 22 nations africaines protestant contre la venue de la Nouvelle-Zélande, car son équipe de rugby avait participé à un tournoi en Afrique du Sud, pays de l'Apartheid. Taïwan fait aussi l'impasse, le Canada préfère privilégier ses relations avec la grande Chine. Le sport est politique.

Ci-contre : Nadia Comăneci aux Jeux de Montréal 1976.

Le 17 juillet, les barres asymétriques sont face à elle. L'enfant prodige doit faire attention à sa grande rivale qui pourrait lui ravir les chances de victoire, la Soviétique Olga Korbut. Deux-trois pas et la petite fée, pendant 30 s de pure grâce, virevolte, enchaîne les mouvements aériens, s'enroule autour des barres, rebondit, et se pose tout en douceur sur le tapis. Le public est ébahi, le jury ahuri. Comment noter la perfection lorsque celle-ci n'a pas été prévue dans les barèmes olympiques ? Après quelques minutes d'embarras, la note s'affiche : 1.00, car le 10 n'existe pas ! Nadia se hisse au sommet sept fois de suite et remporte le concours général. Elle est l'une des plus jeunes championnes de tous les temps (à présent, il faut avoir 16 ans pour pouvoir participer aux Jeux) et l'une des rares gymnastes à avoir laissé son nom à la postérité.

L'enfant va grandir, un peu trop quand on est gymnaste, et les années qui suivent ses sacres sont difficiles. Elle entre dans la puberté, grossit, et veut être une fille de son âge. Elle perd son niveau. Mais la « Lolita olympique », surnom donné par le journaliste-écrivain Antoine Blondin, s'accroche. Lors des Jeux de Moscou 1980, la gymnaste de 19 ans remporte deux médailles d'or et une d'argent. Espionnée en permanence par le gouvernement dictatorial de Ceaușescu, interdite de sortie du territoire, elle fuit pourtant son pays, par une froide nuit de novembre 1989. Après avoir marché dix heures dans la neige, la voici en Hongrie, puis elle rejoint les États-Unis, en tant que réfugiée politique. Elle y vit depuis et dirige une académie de gymnastique. Elle se rend régulièrement en Roumanie, notamment pour préparer les futures championnes aux prochains Jeux Olympiques.

XXIe OLYMPIADE

Jeux de Montréal (Canada)

17 juillet-1er août 1976

Athlètes :
6 084,
dont 1 260 femmes

Sports :
21

Épreuves :
198

Nations :
92

Classement :
URSS
Allemagne de l'Est
États-Unis

Jeux Paralympiques :
1 657 athlètes

TRISCHA ZORN

la reine du bassin

1964
Nationalité : **américaine**
Sport : **natation**

Palmarès
41 médailles d'or, 9 d'argent et 5 de bronze de 1980 à 1996.

« Je n'ai jamais pensé que je ne pouvais pas être battue. Une fois que vous êtes au sommet de la montagne, c'est génial. Mais rester au sommet de cette montagne est plus difficile que l'ascension initiale de la montagne. »

Trischa Zorn

XXIIe OLYMPIADE

Jeux de Moscou (URSS)

5 mai-27 juillet 1980

Athlètes : 5 179, dont 1 115 femmes

Sports : 21

Épreuves : 203

Nations :
80 (boycott d'une soixantaine de nations, mais pas la France)

Classement :
URSS
Allemagne de l'Est
Bulgarie

Jeux Paralympiques :
1 973 athlètes (les Jeux auront lieu aux Pays-Bas)

Juin 1980, Jeux d'Arnhem

Alors que les Jeux Olympiques ont bien lieu à Moscou, malgré le boycott d'une soixantaine de nations, l'URSS refuse d'accueillir les Jeux Paralympiques sous prétexte qu'il n'y a pas de personnes handicapées sur son territoire. Face à l'impensable, les Jeux seront organisés aux Pays-Bas, à Arnhem. C'est ici que l'Américaine Trischa Zorn, aveugle de naissance, commence ses exploits. Elle a tout juste 16 ans. Excellente sur toutes les distances – 50 m, 100 m, 200 m et 400 m – et dans tous les types de nage – papillon, brasse, dos, libre –, elle s'aligne sur cinq épreuves qu'elle remporte toutes.

En 1984, à Stoke Mandeville, en Grande-Bretagne (les Jeux Paralympiques auront lieu conjointement à New York et à Stoke Mandeville, tandis que les Jeux Olympiques se dérouleront à Los Angeles), elle confirme son incroyable supériorité en récoltant cinq médailles d'or. Les Jeux de Séoul 1988, puis ceux de Barcelone 1992 font exploser ses compteurs puisqu'elle gagne 22 médailles, dont 20 en or ! À 40 ans, à Athènes, la super championne, l'athlète la plus titrée des Jeux Paralympiques, finit 3e au 100 m dos féminin. Palmarès : sept paralympiades successives et 55 médailles dont 41 d'or. Bravo Trischa ! En 2012, elle est consacrée et fait partie des cinq athlètes intronisés au Paralympic Hall of Fame.

JONAS JACOBSSON

le franc-tireur

« Si vous tirez quelques 9, tant que ce sont de bons 9, ça va, mais vous ne pouvez pas vous permettre une grosse erreur car vous êtes parti. Il faut donc être concentré tout le temps. »

Jonas Jacobsson

Été 1984, Jeux de Stoke Mandeville

Si Trischa Zorn est la femme la plus titrée des Jeux Paralympiques, Jonas Jacobsson est loin de démériter. Le Suédois, paralysé des membres inférieurs depuis la naissance, n'a pas choisi la natation, mais le tir à la carabine. Quoi de plus normal lorsque toute la famille tire déjà ! Il commence dès l'âge de 8 ans et participe à ses premières compétitions à 12 ans. Trois ans plus tard, il est aux Jeux Paralympiques à Arnhem et remporte naturellement l'or. Aux Jeux de Stoke Mandeville 1984, la victoire lui est de nouveau destinée. À Athènes, en 2004, il remporte les quatre épreuves SH1 auxquelles il participe : carabine à air mixte couché, carabine à air comprimé hommes debout, carabine libre mixte couché et carabine libre hommes 3 x 40. Il concourt ainsi à dix paralympiades consécutives de 1980 à 2016 et remporte 28 médailles dont 17 en or ! Du talent, il en a, mais pas uniquement. Car dans cette discipline, il faut allier précision, contrôle de sa respiration et de son rythme cardiaque, stabilité, régularité et patience. Il faut savoir gérer le stress et rester concentré le temps nécessaire pour tirer au plus près du cœur de la cible et parvenir ainsi à vaincre ses adversaires. Suspense et tension garantis pendant l'ensemble de la compétition !

Il est considéré comme le meilleur tireur du monde. Héros national, il a reçu la Médaille d'Or Svenska Dagbladet, la plus haute distinction pour un athlète suédois.

1965
Nationalité : **suédoise**
Discipline :
tir à la carabine

Palmarès
17 médailles d'or de 1980 à 2012, 4 d'argent et 9 de bronze.

Ci-dessus : Séance d'entraînement en préambule des épreuves de tir paralympique des Jeux d'Athènes 2004.

CARL LEWIS

le roi

« Si tu n'as pas confiance, tu trouveras toujours une manière de perdre. »

Carl Lewis

1961
Nationalité : **américaine**
Disciplines : **100 m, 200 m, 4 x 100 m et saut en longueur**
Taille : **1,88 m**

Palmarès

9 médailles d'or dont 4 sur 100 m, 200 m, 4 x 100 m et saut en longueur en 1984, 1 en longueur en 1988, 1992 et 1996, 1 au 4 x 100 m en 1992.

Records

De 1981 à 1991, il remporte 65 épreuves consécutives de longueur.

Août 1984, Jeux de Los Angeles

Ce sont les premiers Jeux du longiligne Carl Lewis. L'Américain n'avait pas pu se rendre aux Jeux de Moscou 1980, son pays ayant boycotté cette XXIIe olympiade. Mais en 1984, le voilà chez lui, prêt à montrer sa supériorité aux yeux du monde. Jesse Owens, le quadruple vainqueur des Jeux de 1936, est son idole de jeunesse et il aimerait faire aussi bien que lui, rapporter quatre titres olympiques.

Le jour de la finale, le 4 août 1984, au Memorial Coliseum de Los Angeles, Carl Lewis, dossard 915, couloir n° 7, ne prend pas un super départ, mais comble vite son retard. À mi-course, il fonce telle une fusée, laissant derrière lui ses concurrents. Chrono : 9,99 s. À 23 ans, il empoche sa première médaille d'or devant Sam Graddy et Ben Johnson.

Le lendemain, c'est le concours de saut en longueur. Carl Lewis voudrait bien approcher le record de Bob Beamon, 8,90 m, établi à Mexico en 1968. Lors de son premier et seul essai, il saute à 8,54 m. Ce n'est pas un record, mais ce sera suffisant pour obtenir sa deuxième médaille d'or.

Deux jours plus tard a lieu la finale du 200 m. Toujours le même couloir, le 7 et le même dossard, le 915. Cette fois,

Histoire

La fin de l'amateurisme : Pierre de Coubertin voulait que les Jeux ne soient réservés qu'à des amateurs. Cet idéal olympique a pourtant fait des victimes, comme le Finlandais Paavo Nurmi ou l'Américain Jim Thorpe, radiés à vie pour avoir touché quelques primes (voir pp. 30-31-35). Près d'un siècle plus tard, Juan Antonio Samaranch y met fin et transforme le CIO. C'est une révolution ! Progressivement, les professionnels sont admis : le foot et l'athlétisme en 1984, le tennis en 1988, le basket en 1992… la boxe en 2016.

Ci-contre : Carl Lewis célébrant sa victoire au 100 m aux Jeux de Los Angeles 1984.

il prend un excellent départ, négocie parfaitement le virage, mais, au couloir n° 3, son adversaire revient en force. Lewis accélère et finit premier devant ses deux compatriotes, avec un chrono à 19,81 s. Troisième médaille d'or.

Le 15 août, c'est la finale du relais 4 x 100 m. Lewis est positionné en dernier, normal, c'est le plus rapide. Il finit premier et l'équipe américaine bat son propre record du monde en 37,84 s. Quatrième médaille d'or.

Quarante-huit ans après Jesse Owens, le roi a relevé le défi et fait aussi bien que la légende.

Le 24 septembre 1988, à Séoul, Carl Lewis prend le départ de la finale du 100 m. Le Canadien Ben Johnson franchit la ligne d'arrivée en 9,79 s, devant le roi Carl en 9,92 s. Record du 100 m pulvérisé ! Le Canadien se tourne, triomphant, vers son concurrent qui, finalement, n'est plus si dangereux que ça. Carl n'apprécie pas. Il ne lui serre pas la main sur le podium. Il est profondément meurtri. Deux jours plus tard, Big Ben tombe du podium : il a été contrôlé positif, dopé au stanozolol. Lewis récupère sa médaille d'or et établit du même coup un nouveau record du monde.

En longueur, King Carl conserve son titre avec un saut à 8,72 m face à un autre superbe athlète Mike Powell – le futur recordman du monde avec un saut à 8,95 m, en 1991. Et c'est en tant que sauteur que Lewis remportera également les Jeux de Barcelone 1992. À Atlanta, en 1996, il a 35 ans. Lors du dernier saut de la finale, il court très vite, saute, vole dans les airs et retombe à 8,50 m. Et même si c'est le plus petit saut de ses quatre olympiades, il est médaillé d'or. Il était roi, il devient empereur.

XXIIIe OLYMPIADE

Jeux de Los Angeles (États-Unis)

28 juillet-12 août 1984

Athlètes :
6 829,
dont 1 566 femmes

Sports :
21

Épreuves :
221

Nations :
140

Classement :
États-Unis
Roumanie
Allemagne de l'Ouest

Jeux Paralympiques :
2 105 athlètes

LE TSAR, LA TSARINE ET LE PRINCE

Sergueï Bubka

1963
Nationalité : **ukrainienne**
Discipline : **perche**
Taille : **1,83 m**

Palmarès

1 médaille d'or
aux Jeux de Séoul 1988.

Records

35 records battus lors de sa carrière. 6,15 m, record *indoor* (en salle) de 1994 à 2014. 6,14 m, record extérieur.

Septembre 1988, Jeux de Séoul

C'est le premier à franchir, en 1985, les 6 m en compétition internationale, à Paris. Pendant plus de quinze ans, ce champion a récolté cinq médailles d'or aux championnats du monde. Il a battu ses propres records les uns après les autres, augmentant centimètre par centimètre la hauteur de la barre. Une seule récompense manquait encore à son palmarès, celle des Jeux Olympiques.

Parce que l'URSS boycotte les Jeux de Los Angeles 1984, cet ancien gymnaste doit attendre la compétition suivante. Dans la capitale coréenne, il assure son premier essai à 5,70 m, mais fait l'impasse sur les barres de 5,75 m, 5,80 m, 5,85 m. Sur la piste de 45 m, il s'élance, perche à la main, accélère pour tenter de franchir 5,90 m. Deux fois de suite, la barre retombe. Il ne lui reste plus qu'un essai. Sergueï se concentre, baisse la tête et court, vite, très vite. Sa perche se plie, se redresse et hisse le sauteur à plus de 5,95 m. Devant la barre, Bubka exerce une dernière poussée sur la perche. Le corps s'enroule et retombe sur le tapis en mousse.

Il est champion olympique, même s'il n'atteint pas son record. Ce sera sa seule médaille, les championnats du monde lui conviennent mieux. En 1992, il ne réussit aucun saut, en 1996, il se blesse et c'est le Français Jean Galfione qui est couronné, avec un saut à 5,92 m, record olympique. En 2000, il ne parvient pas à dépasser les 5,70 m. Malgré ses contre-performances, il reste l'un des plus grands perchistes au monde.

Yelena Isinbayeva

Août 2004, Jeux d'Athènes

À 16 ans, la grande Yelena devient championne du monde en franchissant la barre des 4 m. Cinq ans plus tard, en 2003, elle saute 4,82 m, nouveau record du monde. Aux Jeux d'Athènes 2004, avant son premier saut, l'athlète russe parle à sa barre, à sa perche et se dit que tout est possible. C'est sa routine, ce qui lui permet de se surpasser chaque fois. À Athènes, elle est médaillée d'or, à Pékin, en 2008, elle fait encore mieux : elle remporte l'or avec un saut à 5,05 m, le record du monde (le sien) étant de 5,06 m. Même si elle n'empoche que la médaille de bronze aux Jeux de Londres 2012, elle reste la meilleure perchiste de tous les temps.

1982
Nationalité : **russe**
Discipline : **perche**
Taille : **1,74 m**

Palmarès

2 médailles d'or aux Jeux d'Athènes 2004 et Pékin 2008 et 1 de bronze aux Jeux de Londres 2012.

Ci-contre : Sergueï Bubka en 1988.
Ci-dessus : Yelena Isinbayeva aux Jeux d'Athènes 2004.
Ci-dessous : Renaud Lavillenie aux Jeux de Londres 2012.

Renaud Lavillenie

1986
Nationalité : **française**
Discipline : **perche**
Taille : **1,77 m**

Palmarès

1 médaille d'or aux Jeux de Londres 2012.

Août 2012, Jeux de Londres

Lors de ces Jeux, le Français n'avait pas encore battu le record du tsar Bubka. S'il franchit toutes les barres dès le premier essai jusqu'à 5,85 m, l'athlète, sous pression, rate celui à 5,91 m, contrairement à ses deux adversaires allemands. Mais il veut gagner. Il fait alors l'impasse et demande une barre 6 cm plus haut. Première tentative… Échec. Il s'élance pour le deuxième saut, se propulse dans les airs, franchit la barre qui ne retombe pas. Le champion vient d'établir un nouveau record olympique, et termine l'épreuve sur la plus haute marche du podium. Le 15 février 2014, il bat le record en salle de Bubka de 1 cm, dépassé six ans plus tard par le Suédois Mondo Duplantis : 6,18 m. Aux Jeux de Rio 2016, le prince finit médaillé d'argent.

NEROLI FAIRHALL

1 médaille d'or aux Jeux Paralympiques de 1980
Participation aux Jeux de Los Angeles 1984

Neroli Fairhall, paralysée des membres inférieurs depuis un accident de moto, s'essaie à la course en fauteuil roulant, au lancer de poids et de disque. Mais c'est au tir à l'arc qu'elle va exceller. Les Jeux de Moscou 1980 étant boycottés par son pays, elle se fixe comme objectif la qualification aux Jeux de Los Angeles 1984. La cible est atteinte ! Elle finira 35e au tir à l'arc. À ceux qui lui demandaient si elle avait été avantagée en tirant assise, elle répondait « Je ne sais pas, je n'ai jamais tiré debout. » Neroli Fairhall est la première athlète porteuse d'un handicap à avoir concouru à la fois aux Jeux Paralympiques et aux Jeux Olympiques.

Nationalité : **néo-zélandaise**
Sport : **tir à l'arc**

MICHAEL JOHNSON

4 médailles d'or aux Jeux de Barcelone 1992, Atlanta 1996 et Sydney 2000

En ce 1er août 1996, l'homme aux pointes d'or pulvérise son propre record du monde du 200 m en 19,32 s. Il distance son principal concurrent, Frankie Fredericks, de plus de 4 m ! Le 29 juillet, la « Loco de Waco » avait déjà décroché sa première médaille d'or au 400 m. Un doublé 200-400 m unique dans l'histoire de l'athlétisme masculin. Bien qu'il ait un style de course peu élégant (buste raide, foulées courtes), il sera, avec une vitesse de 37 km/h, le sprinter le plus rapide du monde avant d'être détrôné par l'incomparable Usain Bolt. En 2000, à Sydney, il obtient une nouvelle médaille d'or sur le 400 m.

Michael Johnson célébrant sa médaille d'or au 400 m des Jeux d'Atlanta 1996.

Nationalité : **américaine**
Discipline : **400 m - athlétisme**

NAWAL EL MOUTAWAKEL

1 médaille d'or aux Jeux de Los Angeles 1984

Elle n'en revient pas. D'ailleurs, tout le monde est surpris. Lorsqu'elle franchit la ligne d'arrivée, elle est seule, loin devant ses adversaires, et première de son 400 m haies. Elle n'a que 22 ans et c'est la première fois qu'une Marocaine, Africaine remporte une course aux Jeux.

Nawal El Moutawakel lors du 400 m haies aux Jeux de Los Angeles 1984.

Nationalité : **marocaine**
Discipline : **400 m haies**

MERLENE OTTEY

3 médailles d'argent et 2 de bronze aux Jeux de Moscou 1980, Los Angeles 1984, Barcelone 1992, Atlanta 1996 et Sydney 2000

La « reine des tartans » a participé à sept olympiades : Moscou, Los Angeles, Séoul, Barcelone, Atlanta, Sydney et Athènes. Elle a des records en pagaille, de nombreux titres obtenus aux championnats du monde. Mais aux Jeux, cela ne passe pas. On la surnomme la « reine du bronze ». À Atlanta, en 1996, en finale du 100 m, elles sont deux à franchir en tête la ligne d'arrivée, elle et l'Américaine Gail Devers. Temps : 10,94 s. Mais la *photo-finish* donne la victoire à Devers pour 5 millièmes de seconde. Sur le 200 m, Marie-Jo Pérec court plus vite et elle finit juste derrière.

Nationalité : **jamaïcaine (slovène depuis 2002)**
Disciplines : **100 m, 200 m - athlétisme**

SEBASTIAN COE

2 médailles d'or aux Jeux de Moscou 1980 et Los Angeles 1984

Son pays n'a pas boycotté les Jeux de Moscou 1980, et le recordman du monde du 800 m, du 1 000 m et du 1 500 m est le grand favori. Face à lui, son éternel rival, Steve Ovett. Au 800 m, l'élégant coureur ne peut rien contre Ovett et finit deuxième. La « pire course » de sa vie, dira-t-il. Quelques jours plus tard, les deux Anglais s'affrontent sur le 1 500 m et c'est Coe qui l'emporte. Quatre ans plus tard à Los Angeles, le même scénario se produit. Coe gagne l'argent sur le 800 m et l'or sur le 1 500 m. C'est le premier (et seul) athlète à être couronné deux fois sur cette épreuve.

Nationalité : **anglaise**
Disciplines : **800 m, 1 500 m - athlétisme**

MARIE-JOSÉ PÉREC

la gazelle divine

« Je crois que je suis exceptionnelle, ça veut tout dire. Si vous ne comprenez pas, moi je ne sais pas comment vous le dire. »

Marie-José Pérec

1968
Nationalité : **française**
Disciplines : **200 m et 400 m - athlétisme**
Taille : **1,80 m**

Palmarès

3 médailles d'or aux Jeux de Barcelone 1992 (400 m) et Atlanta 1996 (200 m et 400 m).

Record

Seule Française triple championne olympique.

Finale du 400 m, 5 août 1992, Jeux de Barcelone

La course, elle l'a dans la tête. Elle l'a déjà effectuée tant de fois à l'entraînement, lors de compétitions sportives, le soir lorsqu'elle cherchait le sommeil. Elle doit rester concentrée. Respirer, rester concentrée. Cette victoire, elle la veut. Elle doit devenir championne olympique et égaler ainsi la Française Colette Besson, médaille d'or aux Jeux de Mexico 1968.

Le starter demande aux athlètes de se préparer. Tête baissée, elle rejoint son couloir, le 5e, le même que celui de Colette Besson. Un signe peut-être. Elle pose son pied droit sur les *starting-blocks*, puis son pied gauche, réajuste sa position, s'élance, s'arrête au bout de quelques mètres. Elle revient en marchant vers la ligne de départ. Ça commence toujours ainsi.

Le moment est arrivé. Elle se positionne. Elle connaît ses adversaires, dont la tenante du titre, l'Ukrainienne

Olha Bryzhina, mais elle n'a pas un regard pour elles. Huit femmes qui veulent la victoire. Le pistolet retentit. Elle bondit hors des *starting-blocks* et avale les premiers 100 m... Elle ne voit pas ses quatre concurrentes de derrière, mais elle les sent. Bryzhina et la Colombienne Restrepo sont, quant à elles, juste devant. Elle accélère dans le virage. À 100 m de l'arrivée, Bryzhina reste en tête. Marie-Jo allonge sa foulée, revient à la hauteur de sa concurrente, la dépasse... et franchit la ligne d'arrivée en 48,83 s.

C'est son premier titre olympique.

Petite, Marie-Jo jouait au basket, en Guadeloupe. Elle découvre l'athlétisme vers 14 ans et, lors de sa toute première compétition, elle se qualifie pour les championnats de France scolaires. Repérée par l'INSEP (Institut national du sport et de l'éducation physique), elle quitte son île natale et arrive à Paris. Elle s'essaie au 200 m et au 400 m, mais c'est le tour de piste complet qu'elle préfère. En 1988, elle a 20 ans et dispute ses premiers Jeux à Séoul. Elle enchaîne par la suite les compétitions nationales et internationales et collectionne les titres.

Des blessures, ainsi que des changements d'entraîneur et de pays (elle rejoint la Californie) n'entament en rien la détermination de l'athlète.

Elle devient le porte-drapeau de la délégation française lors de la cérémonie d'ouverture des Jeux d'Atlanta 1996. En accord avec son entraîneur américain, elle s'aligne sur les épreuves du 400 m et du 200 m. Elle termine son tour de piste en 48,25 s, devançant ainsi son adversaire la plus dangereuse du moment, l'Australienne Cathy Freeman. C'est la meilleure performance sur la distance lors des Jeux, et la première fois qu'un athlète olympique du 400 m obtient deux fois de suite la médaille d'or pendant les Jeux. Elle remporte aussi la finale du 200 m. Une prouesse inouïe.

Les années suivantes, des blessures tiennent Marie-José Pérec loin des pistes. Malgré tout, elle participe aux Jeux de Sydney 2000. Mais une trop grande pression et un pays entier derrière Cathy Freeman, son adversaire numéro 1, font craquer la championne. Elle quitte l'île-continent sans avoir disputé la moindre série de qualifications.

Marie-José Perec est entrée dans la légende.

Ci-contre :
Marie-José Pérec aux Jeux de Barcelone 1992.

XXVe OLYMPIADE

Jeux de Barcelone (Espagne)

25 juillet-9 août 1992

Athlètes :
9 356,
dont 2 704 femmes

Sports :
23

Épreuves :
257

Nations :
169

Classement :
Équipe unifiée (Ex-URSS)
États-Unis
Allemagne

Jeux Paralympiques :
2 999 athlètes

LA DREAM TEAM

« C'était comme Elvis et les Beatles réunis. Voyager avec la *Dream Team*, c'était comme voyager avec douze stars du rock. C'est le seul point de comparaison qu'on puisse trouver. »

Chuck Daly, coach olympique

Nationalité : **américaine**
Sport : **basketball**
Taille : **aux alentours de 2 m**

Ci-dessus :
L'équipe américaine de basketball sur le podium aux Jeux de Barcelone 1992.

Août 1992, Jeux de Barcelone

Aux Jeux de Séoul 1988, l'équipe universitaire américaine s'était fait humilier et sortir en demi-finale par les Soviétiques. C'étaient encore des amateurs, maintenant place aux professionnels. Merci Monsieur Saramanch (voir encadré p. 55). Et les « pro », ce sont eux, de véritables stars internationales, des dieux vivants : les joueurs de la NBA, le championnat national de basket, Earvin « Magic » Johnson (pourtant retraité depuis peu après avoir annoncé sa séropositivité), Larry Bird, Michael « Air » Jordan, David Robinson, Patrick Ewing, Scottie Pippen, Charles Barkley, Karl Malone, John Stockton... Ils vont pouvoir enfin montrer leur supériorité aux yeux du monde.

Lors du premier match face à l'Angola, les joueurs du légendaire entraîneur de NBA, Chuck Daly, pulvérisent leurs adversaires : 116-48. Cela donne un aperçu de la suite. Aucune équipe n'est à la hauteur. Porto-Rico en quart de finale ? Balayé en 115-77. La Lituanie en demi-finale ?

Atomisée par un joli 127-76. La finale contre la plus grande équipe au monde d'alors, la Croatie, ménage un semblant de suspense… pour se conclure par une victoire éclatante des États-Unis : 117-85.

À Barcelone, cette « équipe de rêve » pulvérise, lors de ses 14 matchs en six semaines, tous ses adversaires, en marquant 117 points par match en moyenne avec 43 points d'écart ! Qui fait mieux ? Certains se demandent même si cette équipe n'est pas trop forte pour ne pas décourager les concurrents. Ses joueurs professionnels, millionnaires, fascinent et sont de véritables stars chez eux, comme ici en Espagne. « Ils savaient qu'ils jouaient contre les meilleurs du monde. Ils rentreront chez eux et pourront dire à leurs enfants pour le restant de leur vie : "J'ai joué contre Michael Jordan, Magic Johnson et Larry Bird". Et plus ils joueront contre nos meilleurs joueurs, plus ils auront confiance en eux », dira Chuck Daly, après la victoire.

Et ce n'est que le premier sacre, car les États-Unis vont décrocher l'or au fil des olympiades suivantes avec de nouveaux joueurs (Shaquille O'Neal, LeBron James, Kevin Durant, etc.). Entre 1996 et 2021, ils gagnent tout. Seule la médaille d'or de 2004 leur échappe et ils ne finissent que troisième. En 2021, la meilleure équipe du monde affronte la France (Nicolas Batum, Rudy Gobert…) et l'emporte de très peu : 87-82. Les Français ont une revanche à prendre aux Jeux de Paris 2024.

Anecdote

Le meilleur basketteur de tous les temps, Michael Jordan, 1,98 m seulement, marque en moyenne 30,12 points par match. Il est tellement phénoménal qu'il a aussi donné son nom à la célèbre basket « Air Jordan » !

Histoire

En 1891, le Canadien James Naismith, professeur de gymnastique aux États-Unis, attache en hauteur deux paniers de pêche, et demande à ses étudiants de lancer le ballon à l'intérieur pour marquer des points. « Panier » est la traduction de basket ! En 1936, le basket est intégré aux Jeux.

Technique

Le terrain de basket mesure 28 m de long et 15 m de large. Les cinq joueurs ne peuvent garder le ballon dans leur camp que 8 s et 24 dans celui des adversaires avant de tenter un tir. Un lancer franc compte 1 point, un lancer 2 ou 3 points selon la distance. Le jeu dure 40 min, divisé en 4 phases de 10 min.

LAURA FLESSEL

la guêpe

« On me disait que j'étais dans ma bulle... J'étais là pour une compétition. J'étais celle qui ne disait rien, celle qui ne souriait pas et qui venait avant tout pour gagner. »

Laura Flessel

1971
Nationalité : **française**
Sport : **escrime**
Taille : **1,70 m**

Palmarès

Quintuple médaillée olympique dont 2 médailles d'or aux Jeux d'Atlanta 1996 (en individuel et en équipe).

Septembre 1996, Jeux d'Atlanta

Les deux adversaires se saluent. L'arbitre annonce en français « En garde ! Prêts ? Allez ! » et c'est le début de l'assaut. Le visage caché derrière son masque, la jeune Guadeloupéenne Laura Flessel se tient de profil, l'épée dans la main gauche. Très concentrée, elle observe sa concurrente et équipière Valérie Barlois, l'arme pointée devant elle. Avec l'épée, l'athlète peut toucher tout le corps de son adversaire et pas seulement le buste et les bras comme au fleuret et au sabre. Celle que l'on surnomme « la guêpe » sautille sur place, elle avance un peu, revient en arrière, elle fait trois sauts sur la pointe des pieds, puis soudain, elle attaque son adversaire, sans que cette dernière ne s'y attende.

C'est la première fois que les femmes peuvent participer aux épreuves d'épée, et Laura s'y révèle la meilleure, en individuel et en équipe, avec ses équipières Sophie Moressée-Pichot et Valérie Barlois. Quel triomphe !

Lors des Jeux de Sydney 2000, elle ne décroche que le bronze, et elle fera mieux aux Jeux d'Athènes 2004, en emportant l'argent et le bronze. Avec ses cinq médailles olympiques, ainsi que ses six titres de championne du monde et un de championne d'Europe, Laura Flessel est l'escrimeuse française la plus titrée. Pour les Jeux de Londres 2012, elle devient tout naturellement le porte-drapeau de l'équipe de France.

Ci-contre : Laura Flessel célébrant sa victoire à l'épreuve d'épée en individuel aux Jeux d'Atlanta 1996.

Histoire

L'escrime est inscrite au programme olympique depuis 1896. Pratiquée depuis des temps immémoriaux, l'escrime devient un sport – dangereux – au XVe siècle, le but du « jeu » est de toucher l'adversaire. Au XVIIe siècle, le bouton apparaît sur la pointe des armes, ainsi que le masque de protection et un règlement. Il existe trois disciplines : le fleuret, le sabre et l'épée. Les femmes peuvent disputer des épreuves de fleuret dès 1924, mais doivent attendre 1996 pour l'épée et 2004 pour le sabre.

XXVIe OLYMPIADE

Jeux d'Atlanta (États-Unis)

25 août-11 septembre 1996

Athlètes : 10 318, dont 3 512 femmes

Sports : 26

Épreuves : 271

Nations : 197

Classement :
États-Unis
Russie
Allemagne

Jeux Paralympiques : 3 808 athlètes

JEANNIE LONGO

la compétitrice d'exception

« De bons légumes que j'apporte avec moi en voyage, une bonne soupe bio, du sommeil, de l'eau et surtout du plaisir dans la souffrance à l'entraînement. »

Jeannie Longo

1958
Nationalité : **française**
Sports : **cyclisme sur route et sur piste**
Taille : **1,64 m**

Palmarès

1 médaille d'or aux Jeux d'Atlanta 1996.

Records

59 fois championne de France, 38 records du monde, 13 victoires en championnat du monde.

21 juillet 1996, Jeux d'Atlanta

Quelle athlète ! Quelle performance ! Quelle combativité ! Quand on pense « cyclisme féminin », le nom de Jeannie Longo vient aussitôt à l'esprit. Auréolée de dizaines de titres nationaux et internationaux, de records mondiaux, la légende tricolore a participé à sept olympiades, les dernières à Pékin en 2008, à l'âge de 50 ans.

Aux Jeux de Los Angeles 1984 (année où le cyclisme devient une discipline olympique pour les femmes), puis à ceux de Séoul 1988, la Savoyarde dut s'incliner. À Barcelone, quatre ans plus tard, elle décroche l'argent dans la course sur route. Aux Jeux d'Atlanta 1996, ni les trombes d'eau, ni ses côtes cassées, ni la jeunesse de ses concurrentes, ne l'empêcheront de filer droit vers la victoire et de décrocher sa première médaille d'or, dans la course sur route, puis l'argent dans l'épreuve sur route contre la montre.

Aux Jeux de Sydney 2000, Jeannie, 41 ans, finit à la troisième place. En prenant le départ de la course sur route à Pékin en 2008, la « petite reine » deviendra la coureuse cycliste, femmes et hommes confondus, la plus âgée à participer à des Jeux.

Ci-contre : Jeannie Longo remportant la course sur route individuelle aux Jeux d'Atlanta 1996.

Histoire

Le cyclisme sur route était déjà présent pour les hommes en 1896 et en 1984 pour les femmes. Le cyclisme sur piste est apparu également en 1896 pour les hommes, mais en 1988 seulement pour les femmes. Dans cette discipline, la Française Félicia Ballanger s'est distinguée sur le 500 m et l'épreuve de vitesse, en remportant trois médailles d'or en 1996 et 2000.

Technique

Le cyclisme sur piste se pratique sur une piste ovale, en bois, en ciment ou asphaltée.
Aux Jeux sont organisées des épreuves de vitesse, de poursuite, de courses aux points (épreuve collective) et de sprint.
Le cyclisme sur route a lieu sur un parcours accidenté, avec du plat, des côtes et des virages serrés. La course se déroule sur plus de 120 km pour les femmes et plus de 200 km pour les hommes. Il existe aussi des épreuves contre-la-montre. Dans ce cas-là, les coureurs partent un par un et doivent parcourir 20 à 30 km pour les femmes et 40 à 50 km pour les hommes.
Les vélos sont différents dans les deux disciplines.

LES HOMMES LES PLUS FORTS AU MONDE

Naim Süleymanoğlu

« Quand je ne saurai plus marcher, c'est vous qui me porterez. »

Naim Süleymanoğlu

1967-2017
Nationalité : **turque**
Sport : **haltérophilie**
Taille : **1,47 m**

Palmarès

3 médailles d'or aux Jeux de Séoul 1988, Barcelone 1992 et Atlanta 1996.

Records

46 records du monde.

Juillet 1996, Jeux d'Atlanta

Pour soulever une barre, la force compte, mais la technique aussi. Et le poids plume Naim Süleymanoğlu n'en manque pas. À 15 ans, il détenait déjà ses premiers records du monde. Il est capable de développer trois fois le poids de son corps à l'épaulé-jeté, performance rarissime. Aux Jeux de Séoul 1988, il établit un double record : 190 kg à l'épaulé-jeté et 152,5 kg à l'arraché, soit 30 kg de plus que son adversaire.

Lors de ces Jeux d'Atlanta 1996, une seule ambition : conserver son titre. Son adversaire, le Grec Valerios Leonídis, pourrait menacer sa suprématie. La compétition est très serrée, mais le « Hercule de poche » est vraiment le plus fort et monte sur la première marche du podium. Aux Jeux de Sydney 2000, le super champion manque les qualifications, après trois échecs à l'arraché sur une barre à 145 kg.

Le héros s'éteint à l'âge de 50 ans. Il est le premier haltérophile à décrocher trois médailles d'or à trois éditions des Jeux Olympiques.

Histoire

Des épreuves où des hommes mesuraient leur force existaient déjà dans l'Antiquité. Lors des premiers Jeux modernes de 1896, on soulevait des poids avec un ou deux bras. Dès 1972, les règles évoluent et seuls l'arraché et l'épaulé-jeté sont autorisés. Les femmes ne pourront participer qu'à partir de 2000.

Ci-contre :
Naim Süleymanoğlu aux Jeux d'Atlanta 1996.
Ci-dessous :
Pýrros Dímas aux Jeux de Sydney 2000.

Kézako

L'arraché : l'athlète amène la barre directement au-dessus de sa tête et se redresse aussitôt, bras tendus.

L'épaulé-jeté : l'athlète soulève d'abord la barre jusqu'aux épaules, puis il fléchit, glisse sa tête en dessous et se relève, bras tendus.

Les deux mouvements sont pratiqués à chaque épreuve, le résultat étant le total des deux poids soulevés.

Pýrros Dímas

Août 2000, Jeux de Sydney

Pýrros Dímas ne démérite pas non plus. Poids plus lourd (82,5 kg) que Naim Süleymanoğlu, il montera lui aussi à trois reprises sur la plus haute marche du podium. Naim était né bulgare avant de devenir turc, Pýrros est né albanais, avant d'être naturalisé grec en 1992. C'est sous les couleurs helléniques qu'il devient champion du monde en 1993, 1995 et 1998. Aux Jeux de Barcelone 1992, il se serait écrié en levant la barre « Pour la Grèce ! ».

Quatre ans plus tard, il est désigné porte-drapeau de la délégation grecque. La force est avec lui car, en décrochant deux records du monde, à l'arraché et au total soulevé, il est de nouveau médaillé d'or. Les Jeux de Sydney 2000 le couronnent une fois de plus et il devient l'athlète le plus médaillé de l'histoire du sport grec. De nouveau porte-drapeau en 2004, à Athènes, il est médaillé de bronze et annonce sa retraite.

1971
Nationalité : **grecque**
Sport : **haltérophilie**
Taille : **1,73 m**

Palmarès
3 médailles d'or aux Jeux de Barcelone 1992, Atlanta 1996 et Sydney 2000 et 1 de bronze aux Jeux d'Athènes 2004.

STEVE REDGRAVE

le flamboyant

« Rappelez-vous ces 6 minutes pour le reste de votre vie. Écoutez la foule et profitez-en. C'est de cela que sont faits les rêves. »

Steve Redgrave

1962
Nationalité : **anglaise**
Sport : **aviron, deux sans barreur et quatre avec ou sans barreur**
Taille : **1,96 m**

Palmarès
5 médailles d'or aux Jeux de 1984 à 2000.

Ci-dessus :
Steve Redgrave médaillé d'or au quatre sans barreur aux Jeux de Sydney 2000.

Septembre 2000, Jeux de Sydney

Lorsqu'il remporte sa quatrième victoire aux Jeux d'Atlanta 1996, il déclare, épuisé : « Si quelqu'un me voit approcher un bateau, vous avez le droit de me tirer dessus ! » L'année suivante, la fatigue est derrière lui et il se sent prêt à remettre son trophée en jeu pour les prochaines olympiades de Sydney. Ni les entraînements quotidiens, depuis l'âge de 14 ans, de 20 km à la rame sur la Tamise ni la découverte de son diabète en 1997 n'entament sa détermination. Car il en faut de la combativité mentale et de la force physique pour gagner, avec la régularité d'un métronome, quatre médailles d'or lors de quatre éditions successives.

En 1984, à Los Angeles, il se hisse sur la première marche du podium dans l'épreuve du quatre avec barreur. En 1988, à Séoul, il remporte l'or dans le deux sans barreur.

En 1992, à Barcelone, Steve Redgrave rame avec Matthew Pinsent et ils finissent médaillés d'or. La paire flamboyante domine le deux sans barreur lors des trois championnats du monde suivants. En 1996, à Atlanta, leur centième course ensemble les propulse de nouveau sur la première marche.

Pour les Jeux de Sydney 2000, il monte son équipe de quatre sans barreur avec Tim Foster, James Cracknell et l'incontournable Matthew Pinsent. La course peut commencer. Le bateau se positionne rapidement en tête de la course. Les Australiens sont juste derrière, ainsi que les Italiens qui comblent leur retard. La rivalité entre les trois nations ne date pas d'hier. À 1500 m, les Italiens sont à 99 s derrière les Britanniques. À 500 m de l'arrivée, ils augmentent la cadence, mais l'équipe de Redgrave donne un coup de rame qui leur octroie la victoire, 38 s devant les Italiens. C'est la cinquième victoire pour le champion, qui sera qualifié de « plus grand rameur de tous les temps ».

Histoire

L'épreuve d'aviron existe depuis 1900. Elle était bien prévue lors des premiers Jeux modernes d'Athènes, en 1896, mais les conditions météorologiques en ont décidé autrement. Les femmes auront droit de participer en 1976.

XXVIIe OLYMPIADE

Jeux de Sydney (Australie)

15 septembre - 1er octobre 2000

Athlètes : 10 651, dont 4 069 femmes

Sports : 28

Épreuves : 300

Nations : 199

Classement :
États-Unis
Russie
Chine

Jeux Paralympiques : 3 879 athlètes

LES SYMBOLES

Cathy Freeman

« Je sentais la piste sous la pointe de mes pieds et je n'oublierai jamais que c'était comme si j'étais portée, comme un surfeur sur une vague. »

Cathy Freeman

21 septembre 2000, Jeux de Sydney

1973
Nationalité : **australienne**
Discipline :
400 m - athlétisme
Taille : **1,64 m**

Palmarès
1 médaille d'or aux Jeux de Sydney 2000.

Ci-dessus :
Cathy Freeman au départ de la finale du 400 m aux Jeux de Sydney 2000.

Elle la veut sa revanche. Aux Jeux d'Atlanta 1996, elle avait terminé deuxième, juste derrière la triple championne olympique, Marie-Jo Pérec. Mais l'athlète française quitte la compétition avant les qualifications en séries. Un danger de moins.

L'Australienne, d'origine aborigène, subit pourtant elle aussi une forte pression. C'est elle qui allume le chaudron du stade olympique lors de la cérémonie d'ouverture. C'est elle qui est choisie comme symbole de la réconciliation entre Aborigènes et descendants des migrants européens.

Le jour de la finale, elle est là au 6e couloir devant plus de 110 000 personnes. Vêtue d'une combinaison verte aux couleurs de l'Australie, elle s'élance sur la piste, part très vite, allonge ses foulées, accélère sur les derniers 100 m et donne l'or à son pays, la 100e médaille d'or de l'Australie dans l'histoire des Jeux. Elle entamera son tour d'honneur, le drapeau aborigène et le drapeau australien noués sur ses épaules (une faveur accordée après d'âpres négociations entre le CIO et le gouvernement australien).

Derartu Tulu

Août 1992, Jeux de Barcelone

Quelques années avant l'athlète aborigène Cathy Freeman, l'athlète éthiopienne Derartu Tulu a elle aussi marqué les esprits. C'était aux Jeux de Barcelone 1992. Elle s'aligne sur le 10 000 m, cette épreuve d'endurance ultrarapide, où les coureuses frôlent les 20 km/h. Lorsque la course démarre, la Britannique Liz McColgan mène l'allure. À dix tours de la fin et à 4 000 m de l'arrivée, la Sud-Africaine Elana Meyer se positionne en tête. Derartu Tulu, la championne d'Afrique sur la distance, parvient à la rattraper. Le duo ignore leurs concurrentes et s'isole de plus en plus. Pendant 24 tours, la Sud-Africaine mène avec, dans son ombre, la menace Derartu. À 400 m de l'arrivée, l'Éthiopienne sera la plus forte. Elle accélère, laissant son adversaire à 30 m derrière elle.

Le symbole est fort : Derartu Tulu est la première femme d'Afrique noire à décrocher l'or. Elana Meyer remporte ce jour-là la première médaille de son pays, l'Afrique du Sud, banni des Jeux depuis vingt-huit ans, du fait de la politique d'Apartheid du gouvernement, séparant les races blanches et noires. Les deux championnes, main dans la main, vont alors entamer un tour d'honneur, symbolisant ainsi l'espoir de voir les peuples se réconcilier.

Aux Jeux d'Atlanta 1996, Derartu Tulu échappe de peu au podium. Mais, à l'aube du XXIe siècle, et quelques mois après la naissance de sa fille, la super championne remporte une nouvelle fois l'or sur 10 000 m, établissant même un record d'Afrique et un nouveau record olympique. Elle décroche la médaille de bronze aux Jeux d'Athènes 2004. Les années suivantes, elle surclassera toutes ses adversaires à différents marathons.

1972
Nationalité : **éthiopienne**
Discipline : **10 000 m - athlétisme**
Taille : **1,64 m**

Palmarès

1 médaille d'or aux Jeux de Barcelone 1992 et 1 de bronze aux Jeux de Sydney 2000.

Ci-dessus :
Derartu Tulu lors du 10 000 m aux Jeux de Barcelone 1992.

Prepare toi pour le 10 août qui soit!!

LE MARATHON

La légende raconte que le messager Philippidès est chargé d'annoncer la victoire des Grecs sur les Perses. Le héros court sans s'arrêter jusqu'à Athènes. Il parvient à la cité et a juste le temps de livrer son message avant de mourir d'épuisement. Il venait de parcourir plus de 40 km, soit la distance entre Marathon et Athènes. C'était il y a 2 500 ans.

Naissance du marathon

Le baron de Coubertin se laisse convaincre d'inscrire l'épreuve du marathon pour les premiers Jeux modernes en 1896. Devant le roi Georges Ier et 100 000 spectateurs, Spyridon Louis remporte la course en 2 h 58, sous une chaleur accablante. Le coureur est acclamé comme un dieu.

Mais c'est grâce à la famille royale d'Angleterre que la distance du marathon sera définie. Aux Jeux de Londres 1908, leurs majestés souhaitaient que les coureurs partent du château de Windsor et qu'ils arrivent devant leur loge royale du White City Stadium, soit... 42,195 km exactement !

Le marathon de Mimoun

Celui qu'on appelle « l'éternel second » – car le Français arrive toujours après le Tchèque Emil Zátopek – commence très mal les Jeux de Sydney 1956. On le dit « vieux » (il a 35 ans) lorsqu'il finit 12e au 10 000 m. Alain Mimoun ne se laisse pourtant pas abattre et s'inscrit au marathon trois jours avant la course. Le 1er décembre, sous un soleil de plomb, l'athlète porte le dossard n° 13 et un mouchoir blanc humide noué sur la tête, il s'élance. Au 25e kilomètre, il distance ses adversaires, dont Zátopek. Vers le 30e kilomètre, le fameux mur et la fatigue pèsent très lourd, mais le champion tient bon. Plus de 120 000 spectateurs l'ovationnent lorsqu'il franchit la ligne d'arrivée en 2 h 25. Il attend l'arrivée de son ami Emil, qui finit 6e et exténué. « Quand le drapeau tricolore est hissé à Melbourne, j'ai pleuré sans larmes tellement j'étais déshydraté, ça m'a fait mal », dira Alain Mimoun.

Kathrine Switzer malmenée
lors du marathon de Boston en 1967.

Le marathon de Bikila

Quel symbole ! Le 10 septembre 1960, le coureur de 28 ans franchit, pieds nus, la ligne d'arrivée, à l'endroit même où le fasciste Mussolini avait lancé ses troupes contre l'Éthiopie, en 1935. Dès le début de la course, l'Éthiopien impose un rythme d'enfer et au 41e kilomètre, Abebe Bikila allonge sa foulée et s'envole vers la ligne d'arrivée. Il établit même un record olympique. Son chrono ? 2 h 15 m 16 s. Il est le premier Africain noir champion olympique.

Quatre ans plus tard à Tokyo, il renouvelle l'exploit, en baskets cette fois, et améliore son temps : 2 h 12 m 11 s. Il est le premier coureur à remporter le marathon olympique deux fois de suite. C'est le champion des hauts plateaux qui ouvre la voie à la domination des coureurs de fond africains.

Ci-contre : Abebe Bikila, pieds nus,
lors du marathon des Jeux de Rome 1960.

Le marathon de Kathrine Switzer

Elle n'a jamais gagné de marathon aux Jeux, mais Kathrine Switzer a marqué les esprits car elle est la première femme à avoir couru le marathon de Boston, aux États-Unis. C'était en 1967. Inscrite sous un faux nom, la jeune athlète de 20 ans est repérée, agressée par les organisateurs qui refusent qu'elle participe à la course. La coureuse n'abandonne pas et finit la course en plus de 4 heures. Grâce à sa performance et à la prise de conscience que les femmes peuvent courir sur de longues distances, leur participation aux marathons est enfin autorisée. Pour les Jeux Olympiques, il faut attendre le 5 août 1984 pour voir un marathon féminin et la victoire de l'Américaine Joan Benoit en 2 h 24.

HEINZ FREI

Nationalité : **suisse**
Sports : **para athlétisme, handbike, para ski de fond**

15 médailles d'or et 19 médailles d'argent et de bronze (hiver et été) de 1984 à 2021

Victime d'un accident de montagne à l'âge de 20 ans, le jeune athlète n'a jamais arrêté le sport. Une fois sur un fauteuil roulant de course, il se met au défi de participer à différentes épreuves d'endurance. En 1984, il remporte cinq médailles, dont trois en or. Aux Jeux suivants, de 1988 à 2000, il décroche huit médailles d'or. Mais lorsqu'il revient d'Athènes sans médaille, plutôt que de prendre sa retraite à 46 ans, le champion helvète change de discipline et se met au handbike. Il fait bien car il gagne, en 2008, l'or au contre-la-montre et à la course sur route. Les Jeux de Londres 2012 le confirment sur le contre-la-montre. Les Jeux de Rio 2016 sont un échec, mais, à Tokyo 2020, pour sa dixième participation à des Jeux Paralympiques, il décroche l'argent lors de la course sur route. Il a 63 ans. Il n'y a pas d'âge pour les records !

NATALIE DU TOIT

Nationalité : **sud-africaine**
Sport : **para natation**

13 médailles d'or de 2004 à 2012

En 2001, cette nageuse de haut niveau est amputée de la jambe gauche après un accident de scooter. À 20 ans, elle remporte cinq médailles d'or aux Jeux Paralympiques d'Athènes 2004. Elle parvient à se qualifier parmi les personnes valides pour les Jeux de Pékin 2008. Elle devient ainsi la première femme amputée à concourir aux Jeux Olympiques. Même si elle ne finit que 16ᵉ, elle reste concentrée pour la suite des Jeux Paralympiques et gagne cinq médailles d'or sur les cinq courses dans lesquelles elle participe (50 m nage libre, 100 m papillon, 100 m nage libre, 200 m 4 nages et 400 m nage libre). Pour ses derniers Jeux, à Londres, en 2012, elle finit en beauté et décroche trois fois l'or.

Natalie du Toit lors du 100 m nage libre aux Jeux Paralympiques d'Athènes 2004.

RYLEY BATT

Nationalité : **australienne**
Sport : **rugby fauteuil**

2 médailles d'or aux Jeux de Londres 2012 et Rio 2016, 1 d'argent à Pékin 2008

Né sans jambes en 1989, son grand-père, chaque jour, va lui montrer que rien n'est impossible. Tu veux conduire ? Vas-y ! Tu veux monter à un arbre ? Vas-y ! Grâce à lui, le petit Riley va persévérer, malgré les nombreuses difficultés, pour atteindre les sommets. Il préfère le skate-board jusqu'à ses 12 ans avant d'utiliser un fauteuil roulant. Son sport : le rugby fauteuil dans lequel il excelle. Aux Jeux d'Athènes 2004, il est le plus jeune joueur. En 2008, à Pékin, son équipe perd contre les États-Unis. La revanche sera magnifique quatre ans plus tard. Mais les Steelers vont perdre en petite finale face au Japon aux Jeux de Tokyo en 2021 et finissent 4e.

Ryley Batt lors d'un match aux Jeux Paralympiques de Londres 2012.

Technique

Le rugby fauteuil, apparu pour la première fois aux Jeux de Sydney 2000, ressemble au basket et le ballon est celui du volleyball. Au début, on l'appelle le « murder ball » (ballon meurtrier !), tant la discipline est physique ! C'est un sport d'équipe mixte, mais, petite précision, la présence de joueuses féminines n'est pas obligatoire ! Deux équipes de quatre joueurs s'affrontent pendant quatre périodes de 8 min. Ça va très vite et le contact, voire les coups, entre fauteuils est autorisé.

ROBERTO MARSON

26 médailles dont 16 en or de 1964 à 1972

Parce qu'il est bon partout, l'athlète ne se limite pas à une seule discipline. L'année de ses 20 ans, il perd l'usage de ses jambes et parvient à se qualifier pour les deuxièmes Jeux Paralympiques de l'histoire, ceux de Tokyo 1964. Il est présent en escrime, natation et athlétisme. Et il en repartira auréolé de trois médailles d'or (disque, javelot et escrime par équipe), et deux d'argent. En 1968, les Jeux n'ont pas lieu à Mexico mais à Tel-Aviv. Cela réussit plutôt à notre champion car il remporte dix titres (escrime, athlétisme, natation), trois médailles d'argent et une de bronze. Aux Jeux d'Heidelberg 1972, l'Italien gagne trois fois l'or en escrime. Cette récolte de trophées fait de Roberto Marson l'un des grands athlètes paralympiques de l'histoire.

Nationalité : **italienne**
Sports : **para athlétisme, para escrime et para natation**

LEE PEARSON

Nationalité : **britannique**
Sport : **para équitation (dressage)**

14 médailles d'or de 2000 à 2021

À 26 ans, pour sa première participation aux Jeux Paralympiques, ceux de Sydney 2000, le cavalier Lee Pearson décroche trois fois l'or. Pas mal pour un premier essai. Le cavalier, qui souffre d'une maladie paralysant les articulations, confirme son talent aux Jeux suivants, où il remporte une nouvelle fois trois titres. Mais jamais deux sans trois… Le voilà de nouveau sur son cheval à Pékin, en 2008. L'or encore en individuel, freestyle et par équipe. En 2012, il est chez lui, à Londres, et pour ne pas faillir à sa réputation de meilleur dresseur du monde, il gagne l'or, l'argent et le bronze. Il fera mieux à Rio et à Tokyo d'où il reviendra avec cinq médailles dont quatre en or. Chapeau bas !

BIRGIT FISCHER

l'inégalable

Août-septembre 2000, Jeux de Sydney

Pour sa participation à ses cinquièmes Jeux Olympiques, la kayakiste de l'ex-RDA (ancienne Allemagne de l'Est) a 38 ans et elle a déjà remporté cinq médailles d'or lors des précédentes olympiades. Elle en aurait sans doute accroché une autre à son cou si son pays n'avait pas boycotté les Jeux de Los Angeles 1984. En 1980, elle n'a que 18 ans lorsqu'elle monte sur la première marche du podium, à Moscou, en remportant l'épreuve du 500 m en kayak monoplace (K1). Elle deviendra ainsi la plus jeune kayakiste championne olympique.

Pour les Jeux de Sydney 2000, la championne se positionne sur deux épreuves, K2 (biplace) et K4 (quadriplace) et avale les 500 m de la ligne droite.

Aux Jeux d'Athènes 2004, elle remporte une nouvelle fois l'or olympique en K4. Elle devient la championne kayakiste la plus âgée, 24 ans après son premier titre. Elle est ainsi la seule femme à détenir une médaille d'or sur six Jeux différents. Seule Larissa Latynina, en gymnastique artistique, a gagné plus de médailles qu'elle (voir p. 44).

1962
Nationalité : **allemande**
Discipline : **kayak**
Taille : **1,73 m**

Palmarès

8 médailles d'or et 4 d'argent entre 1980 et 2004.

Records

35 médailles internationales, dont 27 aux championnats du monde entre 1979 et 2004.

Ci-dessus : Birgit Fischer aux Jeux de Sydney 2000.

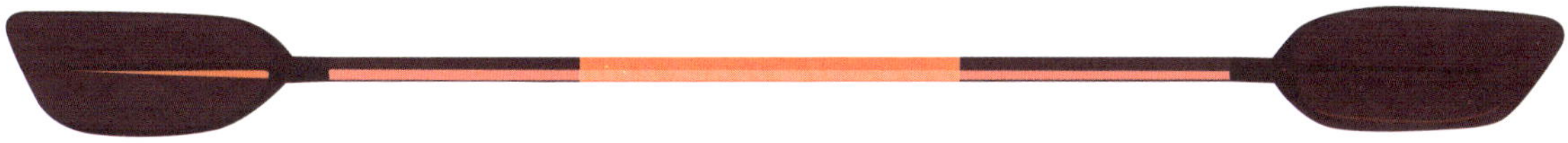

Histoire

Si Birgit Fischer avait pu participer aux Jeux de Los Angeles 1984, elle aurait certainement accroché d'autres médailles à son palmarès. Mais son pays, l'Allemagne de l'Est, boycotte ces Jeux, à l'instar de l'URSS et de sa dizaine d'alliés. Ce boycott est une réponse de l'Union soviétique aux États-Unis qui avaient refusé de se rendre à Moscou en 1980 à cause de l'invasion soviétique de l'Afghanistan. Une soixantaine de nations s'est conformée à cette décision, mais pas la France. Il y a eu d'autres boycotts auparavant : de 1968 à 1976, de nombreux pays africains se sont retirés des Jeux pour protester contre l'Apartheid en Afrique du Sud.

Kézako

On fait du canoë depuis la nuit des temps ! Au départ, il servait à se déplacer et à pêcher. Depuis 1924, il est inscrit au programme des Jeux : d'abord, le slalom en kayak pour les hommes (1928 pour les femmes), puis l'épreuve en ligne aux Jeux de 1936.

Le canoë : c'est une embarcation en monoplace C1 ou biplace C2, cette dernière discipline a disparu aux derniers Jeux de Tokyo. L'athlète se tient à genoux, ou sur un seul genou, avec une pagaie simple et parcourt des distances de 200 m à 1000 m. Les femmes ne s'y affrontent pas.

Le kayak : embarcation de type K. Le bateau est fermé et l'athlète y est assis et tient une pagaie double. K1 : monoplace ; K2 biplace ; K4 quadriplace.

L'épreuve en ligne est une course en ligne droite sur une étendue d'eau calme.

L'épreuve de slalom se passe en eaux vives et l'athlète doit passer les portes sans les toucher. Une pénalité est comptée si la porte est touchée, manquée ou franchie dans le mauvais sens.

LAURE MANAUDOU

la super championne

1986
Nationalité : **française**
Sport : **natation**
Taille : **1,80 m**

Palmarès

1 médaille d'or (100 m dos crawlé), 1 d'argent (400 m nage libre) et 1 de bronze (800 m nage libre) aux Jeux d'Athènes 2004.

Records

3 titres mondiaux, 9 médailles européennes, 36 titres de championne de France. Plusieurs records du monde du 200 m et du 400 m nage libre.

Ci-dessus :
Laure Manaudou médaillée d'or au 400 m nage libre aux Jeux d'Athènes 2004.

15 août 2004, Jeux d'Athènes

Elle n'a que 17 ans le jour de la finale. Dans les bassins chlorés de Melun Val de Seine, l'adolescente a passé des milliers d'heures à s'entraîner. Lors de sa quinzaine de kilomètres quotidiens, elle enchaînait la brasse, le dos, le papillon, et lors des courses nationales, elle excellait sur toutes les distances. Une nageuse complète.

Aujourd'hui, elle n'a qu'une envie, celle de tout gagner. Les ongles vernis aux couleurs de la France, elle ajuste ses lunettes et la championne s'apprête à avaler ses 400 m de couloir. Coup de sifflet. Elle plonge et commence à fendre l'eau. Ses mouvements de bras sont puissants, elle lève la tête, une fois à droite, une fois à gauche, elle fait à peine deux battements de jambes tandis que ses concurrentes en font quatre. Sa technique irréprochable et son style très fluide lui permettent de moins se fatiguer sur les longues distances. Il ne reste qu'une longueur de 50 m, elle semble infatigable, mais la nageuse polonaise est juste derrière. Encore quelques mouvements de bras et Laure Manaudou devient championne olympique ! Cela faisait un demi-siècle que la France n'avait plus gagné une seule médaille en natation.

Elle gagne son statut de star nationale lorsqu'elle remporte l'argent sur 800 m nage libre et le bronze sur 100 m dos. Elle devient « Laure olympique ». En 2007, elle confirme son statut de super championne sur 400 m et 200 m nage libre (dont elle bat le record du monde) et en finissant deuxième sur le 800 m nage libre et le 100 m dos. Elle est alors nommée la meilleure nageuse de ces championnats du monde avec l'Américain Michael Phelps.

MICHAEL PHELPS

le recordman

Août 2016, Jeux de Rio

Le jeune Américain s'était déjà distingué à Athènes en 2004, en remportant six médailles d'or et deux de bronze. Aux Jeux de Pékin 2008, il s'aligne sur huit épreuves et… finit huit fois sur la première marche du podium. En 2012, à Londres, il n'accroche « que » quatre médailles d'or autour du cou et deux d'argent. À l'époque, il est déjà le sportif le plus titré de l'histoire de l'olympisme avec 18 médailles d'or. Mais il ne va pas s'arrêter en si bon chemin.

Le géant, deux ans avant les Jeux brésiliens, reprend l'entraînement et se qualifie pour participer à cette XXXIe olympiade, tout en étant désigné porte-drapeau de la délégation américaine. Ses atouts ? Des poumons plus gros que la moyenne, de « petites » jambes par rapport à sa taille et une pointure 49 qui améliorerait sa propulsion de 10 % par rapport à ses adversaires qui ne chaussent en moyenne que du 47 !

Le nageur de Baltimore s'aligne sur 200 m papillon, 200 m 4 nages, les relais 4 x 100 m, 4 x 200 m nage libre, 4 x 100 m 4 nages et empoche cinq médailles d'or. Sur le 100 m papillon, il finira deuxième. Quel palmarès !

Ci-dessus : Michael Phelps médaillé d'or du relais 4 x 100 m aux Jeux de Rio 2016.

1985
Nationalité : **américaine**
Sport : **natation**
Taille : **1,93 m**

Palmarès

23 médailles d'or de 2004 à 2016, 3 médailles d'argent et 2 de bronze aux Jeux d'Athènes 2004 et Rio 2016.

Records

36 records du monde.

XXVIIIe OLYMPIADE

Jeux d'Athènes (Grèce)

13-29 août 2004

Athlètes : 10 625, dont 4 329 femmes

Sports : 28

Épreuves : 301

Nations : 201

Classement :
États-Unis
Chine
Russie

Jeux Paralympiques : 3 808 athlètes

LE FOOTBALL AMÉRICAIN

les femmes d'abord

« Quand je m'agenouille, je fais face au drapeau de tout mon corps, regardant droit dans le cœur du symbole ultime de liberté de notre pays - parce que je crois qu'il est de ma responsabilité, tout comme de la vôtre, de veiller à ce que la liberté soit accordée à tout le monde dans ce pays. »

Megan Rapinoe, attaquante

Août 2012, Jeux de Londres

Nationalité : **américaine**
Sport : **football**
Taille : **aux alentours de 1,70 m**

Ci-contre :
L'équipe américaine de football avant la finale contre le Japon aux Jeux de Londres 2012.

Lorsque les instances des Jeux admettent pour la première fois le football féminin en 1996, le public assiste à la victoire des Américaines chez elles, à Atlanta. En 2000, elles s'inclinent en finale face à la Norvège. Mais en 2004 et 2008, elles prennent leur revanche et font résonner dans l'enceinte des stades l'hymne américain. Aujourd'hui, en ce jeudi 9 août 2012, elles disputent la finale face au Japon.

Si partout dans le monde, le football féminin pâtit d'un manque de reconnaissance, d'une sous-médiatisation, ici, aux États-Unis, le football est le sport des femmes par excellence. Les joueuses sont de véritables stars.

Ça tient sans doute d'une politique menée par le pays depuis les années 1970 pour lutter contre la discrimination liée au sexe dans les programmes scolaires et universitaires. Dès les années 1980, les filles se mettent au foot, enchaînent les compétitions et écrasent leurs concurrentes par des 10-0 assez courants. Lors de la première Coupe du monde en 1991, elles sont, bien entendu, sacrées championnes du monde. Leur succès attire les petites Américaines. Bientôt, on compte 1,7 million de licenciées, dix fois plus qu'en France.

Pour autant, aux États-Unis, le « soccer » est considéré comme un sport de filles, car il est moins physique, moins violent que le football américain. Les joueuses, même si elles sont ultra-dominantes dans les compétitions mondiales et numéro 1 au classement de la FIFA, sont en moyenne trois fois moins payées que les hommes. Mais les footballeuses américaines ont pris les devants, ont fait des procès et elles ont obtenu une hausse de leurs revenus en 2019.

Aujourd'hui, au stade de Wembley, à Londres, l'équipe des États-Unis retrouve le Japon, l'équipe championne du monde en titre. Deux buts de l'Américaine Carli Lloyd, une tête plongeante à la 8e minute, un tir croisé à la 54e minute, de nombreux arrêts de la gardienne Hope Solo permettent aux États-Unis de décrocher leur quatrième médaille en cinq olympiades ! *Congratulations !*

Histoire

Dans le tournoi olympique de football, les professionnels sont autorisés en 1984 et les femmes en 1996. Depuis 1992, la FIFA a imposé 23 ans comme âge maximal pour pouvoir participer aux Jeux Olympiques (pour les hommes seulement). Cela permet à la Coupe du monde de football, qui a lieu aussi tous les quatre ans, de régner ainsi sans partage et de conserver l'exclusivité des matchs internationaux sans limite d'âge.

USAIN BOLT

la légende

« Je suis une légende vivante. Faites ma gloire. »

Usain Bolt

1986
Nationalité : **jamaïcaine**
Disciplines : **100 m, 200 m et 4 x 100 m - athlétisme**
Taille : **1,96 m**

Palmarès

8 médailles d'or aux Jeux de Pékin 2008, Londres 2012 et Rio 2016.

Records

3 records du monde sur 100 m en 9,58 s, 200 m en 19,19 s et 4 x 100 m.

16 août 2008, Jeux de Pékin

Il a 22 ans et participe à sa première finale du 100 m, l'épreuve reine, celle que tout le monde veut voir, celle à laquelle les meilleurs sprinteurs du monde veulent participer. Le Jamaïcain ne laisse pas indifférent, grand, plutôt fin et surtout très charismatique. Il vient de grignoter quelques nuggets, histoire de manger avant la course. À côté de ses adversaires, il est ultra-détendu. Il fait son show. Il se penche légèrement et imite avec son bras et son corps la flèche qu'il tire vers le ciel. Cela devient une marque de fabrique et le public adore !

La course peut commencer.

Son point faible, il le sait, c'est le départ, alors il a beaucoup travaillé ses temps de réaction. Quand il jaillit des *starting-blocks*, il doit se placer le plus rapidement possible dans la course. Pendant les 30 premiers mètres, il est dans sa phase de poussée, le tronc penché vers l'avant, la tête baissée. Puis il se redresse, le corps parfaitement aligné, les genoux hauts et les épaules relâchées. À mi-course, il approche sa vitesse de pointe et jette un œil à droite et à gauche pour connaître la position de ses concurrents. À 60 m, il donne tout, il accélère encore. Sur les 40 derniers mètres, il pulvérise tout le monde. À 10 m de la ligne, il sait qu'il va gagner, car il n'a plus que trois foulées et demie à faire. Chrono : 9,69 s, nouveau record du monde avec un lacet défait. Il l'atomisera en 2009, avec un temps de 9,58 s. Imbattu depuis.

Quelques jours plus tard, la « foudre » (*bolt* en anglais) bat un nouveau record sur 200 m en 19,30 s, puis celui du 4 x 100 m avec ses compatriotes en 37,10 s. Trois médailles olympiques pour ses premiers Jeux, pas mal !

En 2012 et en 2016 : le prodige récidive et décroche de nouveau trois fois l'or sur les mêmes épreuves. Il est le seul athlète à être parvenu à conserver ses titres sur trois olympiades successives. Il rejoint au sommet de l'Olympe Carl Lewis et Paavo Nurmi.

Plus vite, plus haut, plus fort !

Ci-contre : Usain Bolt remportant la finale du 200 m aux Jeux de Pékin 2008.

XXIXe OLYMPIADE

Jeux de Pékin (Chine)

8-24 août 2008

Athlètes :
10 942,
dont 4 637 femmes

Sports :
28

Épreuves :
302

Nations :
204

Classement :
Chine
États-Unis
Russie

Jeux Paralympiques :
3 951 athlètes

Technique

Lorsque les premiers Jeux modernes ont eu lieu, les chaussures des champions étaient à talons et en cuir. Puis les pointes sous les semelles apparaissent et permettent une meilleure adhérence à la piste qu'elle soit en terre ou en tartan. Les frères Dassler lancent bientôt leurs propres modèles en 1924. Mais une dispute les sépare à jamais. Rudolf créera Puma et Adolf, celui que l'on surnomme Adi, inventera les chaussures Adidas.

Info

La Jamaïque est le pays des meilleurs sprinters du monde. Avant les Jeux de Paris 2024, cette petite île d'Amérique centrale avait déjà accroché à son palmarès plus de 80 médailles en athlétisme, dont une impressionnante collection de records sur 100 m : Usain Bolt, bien sûr, mais aussi Elaine Thomson-Herah en 10,61 s sur 100 m, à Tokyo, qui bat le record olympique du 100 m, inatteignable depuis 1988. Après la suprématie des Américains pendant une vingtaine d'années, c'est au tour des Jamaïcains de régner en maîtres incontestés sur l'épreuve reine du 100 m. Il faut dire que les futurs champions sont repérés dès leur plus jeune âge, dès l'école primaire où le sport compte autant que les maths et l'anglais.

LE TENNIS FAUTEUIL

et ses champions

Il faut savoir pivoter sur son fauteuil, exécuter des rotations, produire des accélérations, pour pouvoir récupérer les lobs et les coups latéraux. Le joueur, durant tout l'échange, fera de nombreux 8 sur le court. Avec quatre doigts, il tient sa raquette dans la main, et avec le pouce resté libre, il pousse sur la roue de son fauteuil, toujours raquette en main. Une technique difficile à maîtriser.

Histoire

Créé dans les années 1980 par Brad Parks et Jeff Minnebraker, le tennis fauteuil fait son entrée au programme des Jeux Paralympiques de Barcelone 1992. Le tennis fauteuil utilise les installations et les règles du tennis olympique. Seule différence : il autorise deux rebonds de chaque côté du filet. Ce second rebond peut être à l'intérieur ou à l'extérieur du terrain. Le gagnant est celui qui remporte deux sets.

Esther Vergeer est la meilleure joueuse de tennis en fauteuil de tous les temps. Née en 1981, elle perd, à 8 ans, l'usage de ses jambes à la suite d'une opération. Vers 12 ans, la Néerlandaise commence le tennis et le basket, deux disciplines pour lesquelles elle disputera des compétitions internationales. À 17 ans, elle décide de se consacrer exclusivement au tennis fauteuil et elle fait bien. Sur les 720 matchs en simple qu'elle joue, elle ne compte que 25 défaites. En double, elle remporte 441 matchs et en perd 35. Lors de ses premiers Jeux à Sydney, en 2000, elle remporte son premier titre en simple, en 2004, à Athènes, son deuxième, en 2008, à Pékin, son troisième et en 2012, à Londres, son quatrième. Personne n'a fait mieux qu'elle en quatre olympiades ! En double, elle décroche l'or à

trois reprises aux Jeux de Sydney 2000 et d'Athènes 2004 avec sa coéquipière Maaike Smit, puis aux Jeux de Londres 2012 avec Marjolein Buis, et l'argent aux Jeux de Pékin 2008.

Ci-dessus, à gauche :
Esther Vergeer
à l'US Open en 2002.

Ci-dessus, à droite :
Michaël Jeremiasz
à Roland-Garros en 2012.

Quand Michaël Jeremiasz a commencé le tennis, il avait 6 ans. Stéphane Houdet, 8 ans. Tous deux ont été victimes, vers 18-20 ans, d'un accident de ski pour l'un et de moto pour l'autre. Ils ont tous deux continué à pratiquer le tennis, mais en fauteuil. Ils ont eu raison de poursuivre car ils seront médaillés d'or aux Jeux Paralympiques de Pékin 2008. Le duo décroche le bronze quatre ans plus tard à Londres. Stéphane Houdet complétera sa collection en or en remportant deux autres titres en double avec Nicolas Peifer, à Rio 2016 et Tokyo 2020, ainsi qu'une médaille d'argent en simple à Londres.

Michaël Jeremiasz, quant à lui, ajoutera à son palmarès une médaille d'argent en double avec Lahcen Majdi aux Jeux d'Athènes 2004. Porte-drapeau de la délégation française aux Jeux de Rio 2016, il l'affirme haut et fort : le sport a été central dans sa reconstruction et pourrait l'être pour des millions de personnes. Le sport, de manière générale, permet d'être plus autonome et de se sentir valorisé aux yeux de la société.

Quant au sport de haut niveau et au paralympisme, ils offrent une vitrine incroyable aux personnes en situation de handicap. Mais les Jeux ont lieu tous les quatre ans et, en attendant, il y a encore tant de choses à faire.

Technique

Le fauteuil, léger, a deux grandes roues carrossées (inclinées) et deux petites roues arrière pour favoriser la stabilité au service et sur les smatchs. Sur ce type de fauteuil, les jambes et le bassin sont sanglés afin de « faire corps » avec le fauteuil et d'éviter au maximum les mouvements « parasites ». D'autres fauteuils existent, comme celui de Stéphane Houdet, qui lui permet de jouer à genoux.

NIKOLA KARABATIC

le handball et les Bleus

« Le hand est le plus beau sport du monde. »

Nikola Karabatic

1984
Nationalité : **française**
Sport : **handball**
Taille : **1,96 m**

Palmarès

3 médailles d'or aux Jeux de Pékin 2008, Londres 2012 et Tokyo 2020 et 1 d'argent aux Jeux de Rio 2016.

Records

4 titres mondiaux, 6 titres européens.

Août 2008, Jeux de Pékin

Les Bleus, femmes et hommes, excellent dans les sports collectifs et, au handball, ils tutoient les étoiles. L'équipe de France, surnommée « les Experts », entame les Jeux de Pékin 2008 en tant que favorite et va surclasser tous ses adversaires, la Croatie, championne olympique, et l'Espagne, championne du monde. L'incomparable Thierry Omeyer arrête des dizaines de ballon et Nikola Karabatic commence à bâtir sa légende (il est nommé meilleur buteur de ces Jeux avec 37 buts !). La France s'impose contre l'Islande, 28-23, lors de sa première finale olympique.

Quatre ans plus tard, les Experts remportent de nouveau l'or à Londres, mais s'inclineront à Rio en 2016, en finale contre le Danemark.

Aux Jeux de Tokyo 2020, la France réussit un doublé femmes-hommes. Les Bleus prennent leur revanche sur les Danois et montent sur la première marche du podium. Parmi ces héros tricolores, l'un se distingue particulièrement :

Nikola Karabatic, le meilleur handballeur du monde. Sélectionné pour la première fois en équipe de France à l'âge de 18 ans, vingt ans plus tard, il est encore au sommet. Une longévité incroyable, des capacités physiques exceptionnelles et un mental de guerrier, à l'image de Zinedine Zidane ou de Rafael Nadal, qui lui permettent de durer encore et toujours.

Son palmarès est d'ailleurs olympien : quatre médailles dont trois d'or, quatre titres de champion du monde, « meilleur handballeur de l'année » en 2007, 2014 et 2016.

Né dans une famille de sportifs, père et frère handballeurs (le non moins talentueux Luka), il est, selon les spécialistes, doté d'une puissance considérable et d'une résistance hors du commun. Lorsqu'il est sur le terrain, personne n'arrête ou presque son 1,96 m et ses 104 kg. Rarement blessé, il est l'objet de plusieurs sujets d'études tant il impressionne. Nikola Karabatic passerait environ 39 min sur le terrain par match (une partie dure 2 x 30 min), parcourrait 4,1 km, effectuerait 29 accélérations, ferait des pointes de vitesse à 24,7 km/h, sauterait 16 fois... comme les autres joueurs des lignes arrière en compétition ! Mais la petite différence, c'est que pour lui, on a l'impression qu'il est toujours là, au bon moment, effectuant l'action parfaite. Un super-héros !

Ci-contre : Nikola Karabatic lors du match France-Brésil aux Jeux de Tokyo 2020.

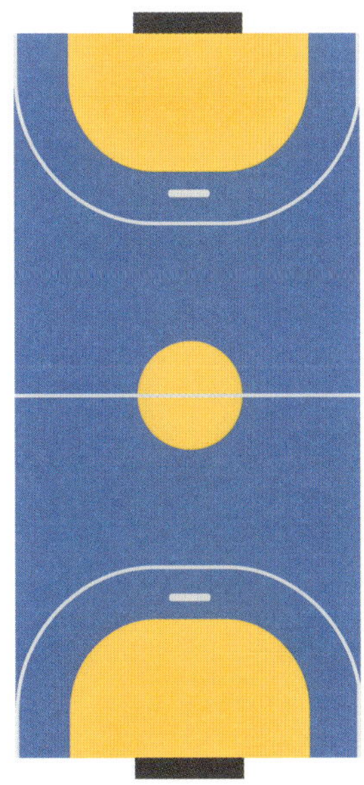

Histoire

Le handball est un sport de balle joué à la main (*hand*), né en Allemagne en 1919. Le hand se joue d'abord sur un terrain de football, avec des équipes de 11, puis 7 joueurs. Mais lorsque le handball fait son entrée aux Jeux de Berlin 1936, chaque équipe est composée de 11 joueurs. Ce sport sera interdit par la suite car il sera considéré comme un « sport nazi ». Il faut attendre 1972 (hommes) et 1976 (femmes) pour le voir réapparaître aux Jeux avec 7 joueurs par équipe et pratiqué dans un gymnase.

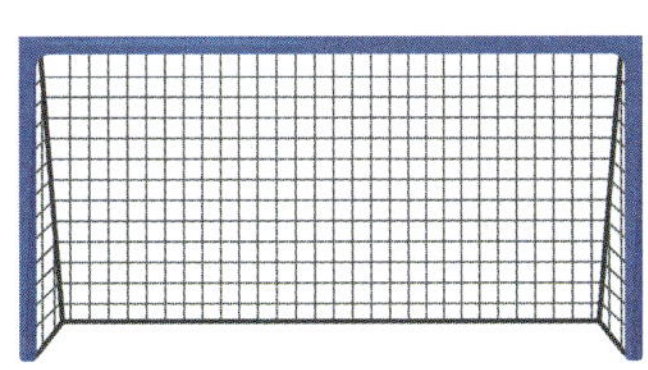

TONY ESTANGUET

le gagnant

« Les émotions que procurent le sport et les Jeux sont uniques parce qu'elles sont largement partagées. J'ai eu la chance de le vivre en tant qu'athlète, et aujourd'hui, avec Paris 2024, je rêve de permettre à un maximum de Français de découvrir cette magie des Jeux. En ouvrant grand les Jeux, on veut inviter le plus grand nombre à venir vibrer avec nous ! »

Tony Estanguet

1978
Nationalité : **française**
Sport : **canoë**
Taille : **1,86 m**

Palmarès

3 médailles d'or aux Jeux de Sydney 2000, Athènes 2004 et Londres 2012.

Records

3 titres de champion du monde, 3 titres de champion d'Europe, 9 titres de champion de France.

Juillet 2012, Jeux de Londres

Né dans une famille de kayakistes, Tony commence à naviguer pour faire comme ses deux grands frères.

L'histoire de Tony et de l'olympisme a débuté tout jeune : enfant, il admirait ses idoles à la télé, et notamment Carl Lewis, le mythique sprinteur afro-américain. Il a ensuite vécu ses premiers Jeux « en vrai », à Barcelone en 1992, et c'est aux Jeux d'Atlanta, en 1996, qu'il voit à la télévision son frère aîné, Patrice, remporter la médaille de bronze en canoë. Une petite graine se met à germer dans sa tête, et le rêve devient un objectif.

Pour espérer participer aux Jeux de Sydney en 2000, le Palois doit obtenir sa qualification lors d'une épreuve de sélection entre Français. À cette occasion, il va affronter un adversaire un peu particulier : son propre frère Patrice, favori de la compétition et auréolé de sa médaille à Atlanta. Dans cette situation si particulière, c'est Tony qui obtient le précieux sésame et s'envole pour l'autre bout du monde.

Lors de la finale dans les eaux vives du bassin de Sydney, il décroche la médaille d'or. Tony la dédiera à son frère, resté à la maison.

En 2004, Tony part pour Athènes. Il affronte alors son principal concurrent, le redoutable Slovaque Michal Martikán. Avec douze centièmes de seconde d'avance sur son adversaire, le Français remporte son deuxième titre olympique. Les deux athlètes se partageront les podiums et domineront leur discipline pendant près de quinze ans !

Quatre ans plus tard, de nouveau qualifié pour les Jeux, de Pékin cette fois, l'athlète français est choisi pour être le porte-drapeau tricolore. C'est un honneur. Quelques jours après, il échoue pourtant en demi-finale. Ce sera le seul véritable échec de sa carrière.

Après quelques semaines d'hésitation, Tony décide de poursuivre sa carrière jusqu'aux Jeux de Londres 2012. Pour se préparer, il choisit de renouveler son mode d'entraînement et fait appel à son frère Patrice pour l'entraîner. Dans les eaux déchaînées de Londres, le céiste donne des coups de pagaie, se bat contre le courant, se faufile entre les portes… et vers la victoire ! Tony Estanguet entre dans l'histoire de sa discipline et du sport français.

Dès la fin de sa carrière sportive, après les Jeux de Londres, Tony Estanguet est élu membre du Comité International Olympique. Il copréside avec Bernard Lapasset le comité de candidature de Paris 2024 et parvient à mener la France à la victoire. Après cinq échecs successifs, c'est bien la France qui organisera les Jeux Olympiques et Paralympiques en 2024, cent ans après les derniers Jeux d'été dans notre pays !

Tony devient ensuite Président du comité d'organisation, avec une ambition : montrer le meilleur de la France et proposer un nouveau modèle de Jeux, à la fois plus spectaculaires, plus responsables et plus ouverts.

Ci-contre :
Tony Estanguet durant l'épreuve de canoë slalom aux Jeux de Londres 2012.

XXXe OLYMPIADE

Jeux de Londres (Grande-Bretagne)

27 juillet-12 août 2012

Athlètes :
10 568,
dont 4 676 femmes

Sports :
26

Épreuves :
302

Nations :
204

Classement :
États-Unis
Chine
Royaume-Uni

Jeux Paralympiques :
4 237 athlètes

SERENA ET VENUS WILLIAMS

les superstars

« C'est encore plus fort que ma victoire en simple ! Un tel succès, avec ma sœur, un membre de ma famille et ma meilleure amie, ça n'arrive pas souvent. Pouvoir juste jouer et gagner ensemble à ce niveau-là, c'est vraiment énorme. »

Venus Williams

1980 et 1981
Nationalité : **américaine**
Sport : **tennis**
Taille : **1,81 m (Venus) et 1,75 m (Serena)**

Palmarès

Serena : 1 médaille d'or en simple (2012) et 3 en double avec Venus (2000, 2008, 2012).
Venus : 1 médaille d'or en simple (2000), 1 d'argent en double mixte (2016) et 3 d'or avec Serena.

Ci-dessus :
Serena et Venus Williams célèbrent leur victoire en double aux Jeux de Londres 2012.

Jeux de Sydney 2000 et de Londres 2012

Serena et Venus commencent à jouer, très jeunes, vers 4-5 ans. Poussées et formées par leur père, elles échangent des balles, chaque soir, sur des terrains délabrés des quartiers pauvres de Los Angeles. Les filles, obstinées et compétitives, se font remarquer et quittent le soleil de Californie pour celui de Floride.

Les sœurs n'ont que 14 ans lorsqu'elles entament leurs premiers tournois sur le circuit professionnel. Si les débuts sont discrets, les victoires succèdent bientôt aux défaites et les championnes s'imposent sur toutes les surfaces. Dotées d'un mental d'acier, les sœurs Williams révolutionnent le jeu avec leurs puissantes frappes à plat du fond du court et leur service difficilement prenable.

Histoire

Discipline olympique pour les hommes en 1896 (1900 pour les femmes), exclue en 1924, puis de nouveau introduite en 1988, le tennis provient du jeu de paume, inventé en France il y a plus de 800 ans ! On y jouait à mains nues ou avec des gants. La raquette apparaît au XVIIIe siècle en Angleterre.

Après ses deux victoires de Grand Chelem (Wimbledon et l'US Open), Venus s'envole pour Sydney, où elle remporte l'or face à la Russe Elena Dementieva. Le lendemain, elle gagne le double avec Serena en moins de 50 min. Une blessure de Serena empêchera le duo de participer aux Jeux d'Athènes 2004. Mais en 2008, les deux athlètes pulvérisent leurs adversaires en double. En 2012, à Londres, elles recommencent et, cette fois, Serena décroche l'or en simple en battant sévèrement Maria Sharapova.

RAFAEL NADAL

l'insubmersible

Août 2008, Jeux de Pékin

Roger Federer-Novac Djokovic-Rafael Nadal. Le trio de choc des années 2000 et 2010, les plus grands champions de tous les temps ! À eux trois, ils cumulent des centaines de titres et des années à se disputer la place de numéro un mondial.

Tous les trois ont participé aux Jeux, mais un seul a obtenu le sacre suprême : Nadal en simple aux Jeux de Pékin 2008, et un en double à Rio 2016. Le Majorquin, grand spécialiste de la terre battue, recordman du nombre de victoires à Roland Garros (14 coupes des Mousquetaires, la dernière en 2022, à 36 ans), venait de remporter le tournoi parisien et celui de Wimbledon face à Roger Federer.

Mental de tueur, hargneux et combatif, un bras gauche surpuissant, travailleur acharné, Rafa, à Pékin, veut empocher cette médaille qui manque à son palmarès. Il va éliminer ses concurrents les uns après les autres, parfois avec difficulté, pour arriver en finale et affronter le Chilien Fernando Gonzalez. Jeu, set et match pour l'Espagnol qui, une fois le point gagné, peut s'écrouler sur le dos, les poings en l'air, l'or olympique est pour lui. Lors de ces Jeux, Djokovic remportera la médaille de bronze. Federer récoltera l'argent en 2012, à Londres.

1986
Nationalité : **espagnole**
Sport : **tennis**
Taille : **1,85 m**

Palmarès

1 médaille d'or en simple aux Jeux de Pékin 2008 et 1 en double aux Jeux de Rio 2016.

Ci-dessus :
Rafael Nadal bat l'Italien Potito Starace lors du premier tour du simple messieurs aux Jeux de Pékin 2008.

ELLIE COLE

6 médailles d'or, 5 d'argent et 6 de bronze aux Jeux de Pékin 2008, Londres 2012, Rio 2016 et Tokyo 2020

L'Australienne, née en 1991, le sait bien : aux Jeux Olympiques, les athlètes ont des corps identiques. Aux Jeux Paralympiques, les physiques sont tous différents. À l'âge de 3 ans, elle est amputée d'une jambe à cause d'une tumeur. Mais, en Australie, on doit savoir nager, alors la rééducation se fera par la natation. Ellie est douée. Elle voulait devenir ballerine, mais c'est dans l'eau qu'elle aura « la technique de nage la plus gracieuse ». Elle enchaîne les victoires et devient l'athlète paralympique féminine la plus décorée d'Australie.

Nationalité : **australienne**
Sport : **para natation**

NTANDO MAHLANGU

3 médailles d'or aux Jeux de Rio 2016 et Tokyo 2020

En Afrique du Sud, les enfants nés avec un handicap sont mis à l'écart. Le jeune Ntando reste dans un fauteuil roulant jusqu'à l'âge de 10 ans. Puis une association lui vient en aide pour ses jambes et lui pose ses premières lames, des *cheetahs* (guépards). Il dit : « Je ne veux pas tenir en place. Je veux toujours bouger. À chaque fois que je cours, ça me fait rire. Rien ne peut me déranger. Je n'entends que le vent dans mes oreilles. Je veux être le meilleur. Je veux changer le monde. » Cela a bien commencé puisqu'il a remporté, à 14 ans, une médaille d'argent sur 200 m à Rio en 2016, et deux médailles d'or en saut en longueur avec un bond à 7,17 m, et au 200 m à Tokyo en 2021.

Ntando Mahlangu lors de la finale du saut en longueur des Jeux de Tokyo 2020.

Nationalité : **sud-africaine**
Disciplines : **200 m et saut en longueur**

MATTHEW STUTZMAN

Nationalité : **américaine**
Sport : **para tir à l'arc**

1 médaille d'argent aux Jeux de Londres 2012

Il se rêvait Michael Jordan, mais il n'était pas assez grand. Il est donc devenu archer. Né sans bras en 1982, ses parents adoptifs lui ont appris à s'adapter au monde. Et il va apprendre à utiliser ses pieds comme des mains : tenir une fourchette, un crayon, un livre, conduire une voiture, puis tirer des flèches. L'« archer sans bras » manie son arc à poulies avec les pieds, le place sur son épaule droite et tire avec sa mâchoire. À Londres, il remporte l'argent, mais échoue aux Jeux de Rio 2016 et de Tokyo 2020. Il n'en demeure pas moins un grand champion, gratifié par le *Guinness des records* avec un tir à 310 m !

Matthew Stutzman
aux Jeux panaméricains en 2011.

JONNIE PEACOCK

2 médailles d'or aux Jeux de Londres 2012 et Rio 2016

Face au champion paralympique Oscar Pistorius, le jeune Jonnie, âgé de 19 ans, est chez lui pour tenter de battre le célèbre « Blade runner ». Les 80 000 spectateurs du stade londonien l'acclament à tout rompre avant même que la course commence. Le silence est requis. Coup de pistolet. Les huit coureurs s'élancent. Lorsqu'il franchit en premier la ligne d'arrivée, en 10,91 s, nouveau record paralympique, il n'en revient pas, il a surpassé l'imbattable. Peu de semaines avant, il était déjà devenu le sprinter amputé le plus rapide du monde en 10,85 s. Il confirme son excellence à Rio quatre ans plus tard.

Nationalité : **anglaise**
Discipline : **100 m - athlétisme**

JEAN-BAPTISTE ALAIZE

Il est un survivant de la guerre civile qui sévit au Burundi en 1993. Il y aura des centaines de milliers de victimes. Jean-Baptiste perd sa mère, assassinée sous ses yeux, lui est amputé d'une jambe. Lorsqu'il est adopté en France, il sera appareillé et pourra ainsi commencer le sport qui le sauve littéralement. Il choisit la longueur, courir, sauter, tomber, se relever, toujours. Il sera quadruple champion du monde de longueur et recordman de 2007 à 2010. Il participera aux finales du saut en longueur en 2012 et 2016, mais échouera au pied du podium.

Nationalité : **française**
Discipline : **saut en longueur**

LES INVINCIBLES

Tatyana McFadden

« En 2005, je voulais rejoindre l'équipe d'athlétisme du lycée mais je n'avais pas le droit de courir à côté des autres car j'étais la seule en fauteuil roulant. Même les coachs me disaient d'aller dans un club avec ceux de mon espèce, que je n'avais pas ma place ici. Je ne comprenais pas cette discrimination. C'était blessant. »

Tatyana McFadden

1989
Nationalité : **américaine**
Disciplines : **100 m, 200 m, 400 m, 800 m et 1 500 m, marathon...**

Palmarès
15 médailles, dont 7 d'or aux Jeux d'Athènes 2004, de Pékin 2008, de Londres 2012 et de Rio 2016.

Ci-dessus :
Tatyana McFadden lors de la finale du 5 000 m aux Jeux Paralympiques de Rio 2016.

Août 2016, Jeux de Rio

Née en Russie, avec une malformation de la colonne vertébrale, sa mère la place dans un orphelinat. Faute de fauteuil roulant, la petite fille apprend à se déplacer en marchant sur les mains. À 6 ans, elle est adoptée par Debbie McFadden et s'envole pour Baltimore, aux États-Unis. C'est le début de sa renaissance. Elle subit une dizaine d'opérations pour allonger ses jambes qui étaient atrophiées derrière son dos. Elle commence la rééducation. On lui prédisait une vie courte et triste, elle va démontrer le contraire. Dès qu'elle s'assied sur un fauteuil de course, elle découvre la liberté et la vitesse. De nouvelles perspectives sont à présent envisageables, elle peut avancer sur une route infinie. Et elle va vite, très vite.

Elle intègre l'équipe paralympique américaine et participe aux Jeux d'Athènes 2004. Elle remporte l'argent sur 100 m et le bronze sur 200 m. À son retour, elle souhaite rejoindre l'équipe d'athlétisme de son lycée, mais on lui refuse le droit de courir avec son fauteuil roulant. Soutenue par sa mère, elle intente un procès pour permettre aux personnes handicapées de faire du sport au lycée. Une loi fédérale est votée, sous la mandature Obama, qui autorise désormais les personnes handicapées à courir avec les valides : la « Sports and Fitness Equity Act », plus connue comme la « loi Tatyana ».

Aux Jeux de Pékin 2008, elle gagne quatre médailles, mais ne parvient pas à décrocher l'or. Londres la consacre enfin : trois médailles d'or sur 400 m, 800 m et 1500 m, et une de bronze sur 100 m. La compétition la démange et elle se qualifie cette fois pour les Jeux d'hiver de Russie, son pays natal. Sans aucun soutien de l'équipe américaine et après seulement huit jours d'entraînement en ski de fond, elle y gagne l'argent en biathlon. Aux Jeux de Rio 2016, elle fait encore mieux : quatre titres et deux médailles d'argent. À Tokyo, elle glanera une médaille d'argent au 800 m, et une de bronze au 1500 m. Quelle championne !

Assia El Hannouni

Août-septembre 2004, Jeux d'Athènes

Assia avait déjà brillé dans divers championnats, mais c'est lors des Jeux d'Athènes 2004 qu'elle devient imbattable. Atteinte d'une maladie qui lui fait perdre progressivement la vue, elle commence les compétitions à 17 ans, domine les championnats de France, puis rapidement ceux d'Europe, participe aux mondiaux, et se qualifie pour les Jeux grecs.

Quatre courses, quatre médailles d'or : 100 m, 200 m, 400 m et 800 m. Selon la distance, elle court avec un guide, avec lequel elle est liée par une petite sangle attachée au poignet ou à la main. Lorsqu'elle s'élance sur 100 m ou 200 m, c'est toujours avec un guide car elle ne voit pas les lignes. Mais dès le 400 m, elle est seule et se repère au souffle des concurrentes, même si, parfois, elle ne sent leurs attaques qu'au dernier moment. Pour les Jeux de Pékin 2008, elle est porte-drapeau. Elle fera alors moins bien qu'à Athènes. Elle gagne les 200 m et 400 m mais finit deuxième aux 800 m et 1500 m. En 2012, à Londres : le retour. Devant le public anglais, conquis et connaisseur, elle participe aux 400 m et 200 m et remporte de nouveau l'or ! Bravo !

1983
Nationalité : **française**
Disciplines : **100 m, 200 m, 400 m, 800 m et 1 500 m - athlétisme**

Palmarès

8 médailles d'or et 2 d'argent aux Jeux d'Athènes 2004, Pékin 2008 et Londres 2012.

Ci-dessus :
Assia El Hannouni lors du 200 m au championnat du monde d'athlétisme en 2003.

CHARLOTTE DUJARDIN

et Valegro

« C'était tout simplement magique. J'ai ressenti une grande émotion dans la dernière ligne centrale. Valegro se donne toujours pour m'apporter le meilleur. J'ai vraiment senti que tout se faisait sans efforts. »

Charlotte Dujardin

1985
Nationalité : **anglaise**
Sport : **para équitation (dressage)**
Taille : **1,70 m**

Palmarès

3 médailles d'or, 1 d'argent et 2 de bronze aux Jeux de Londres 2012, Rio 2016 et Tokyo 2020.

Ci-dessus :
Charlotte Dujardin et son cheval Valegro aux Jeux de Londres 2012.

Août 2012, Jeux de Londres

La cavalière n'est rien sans son cheval, et Charlotte Dujardin n'aurait sans doute pas atteint les sommets sans son cheval Valegro. Leur relation a été décrite comme « télépathique ». La Britannique a commencé l'équitation à l'âge de 2 ans et s'est mise au dressage à 13 ans, une discipline qui demande au cavalier et à sa monture d'accomplir une série de figures complexes au cours d'une reprise, au rythme d'une musique.

Quand Charlotte rencontre le jeune hongre de race « hollandaise au sang chaud », c'est le début d'un duo gagnant. Tous deux vont remporter les championnats d'Europe 2011 par équipe à Rotterdam.

Aux Jeux de Londres, le 9 août 2012, lorsqu'ils entament leur numéro ultra-technique, à Greenwich Park,

Histoire

Les sports équestres remonteraient à l'Antiquité lorsque les Grecs ont appris à dresser leurs chevaux pour les préparer à la guerre. Plus tard, aux premiers Jeux Olympiques antiques, des courses de char à quatre, puis deux chevaux, furent organisées. L'équitation apparaît aux Jeux de 1900 et comprend alors trois épreuves de saut. En 1912, s'ajoutent le dressage et le concours complet. Réservées aux militaires, les épreuves s'ouvrent en 1952 aux civils hommes et aux femmes en 1964. Tous participent aux mêmes concours, ce qui fait de l'équitation l'une des rares disciplines olympiques entièrement mixte (comme en voile et en yachting).

c'est la consécration. Les 200 000 spectateurs sont littéralement conquis par cette « fille au cheval dansant » et le piaffer de sa monture phénoménale. Première médaille d'or olympique en individuel. Deux jours plus tôt, Miss Dujardin avait permis de gagner une autre médaille d'or par équipe, mettant ainsi fin à la domination allemande. La Grande-Bretagne, qui n'avait plus remporté l'or depuis 1972, était récompensée pour le dressage aux Jeux.

Quatre ans plus tard, aux Jeux de Rio 2016, après avoir survolé les compétitions internationales ces dernières années, la cavalière britannique et Valegro sont de nouveau au rendez-vous. Une nouvelle médaille d'or en individuel pour le duo et une de bronze par équipe.

Le cheval de tous les records part à la retraite en 2016. Il a 14 ans.

Aux Jeux de Tokyo 2020, Charlotte Dujardin remporte avec Gio une médaille de bronze en individuel (et une par équipe) derrière l'Allemande Jessica von Bredow-Werndl et la remarquable Isabell Werth, 52 ans alors, au palmarès impressionnant (12 médailles olympiques dont 7 en or de 1992 à 2021). Miss Dujardin a encore toute la vie devant elle pour tenter d'enrichir son palmarès. *Let's go!*

Technique

Aux Jeux, les sports équestres comptent trois disciplines.

Le saut d'obstacles : un parcours chronométré où les cavaliers doivent faire tomber le moins de barres possible.

Le dressage : le couple cheval/cavalier est mis en scène artistiquement dans une série de figures exécutées au cours d'une reprise.

Le concours complet combine le saut d'obstacles et le dressage, ainsi que le *cross-country*.

MO FARAH

le prince devenu roi

« La vérité, c'est que je ne suis pas celui que vous croyez. La plupart des gens me connaissent sous le nom de Mo Farah, mais ce n'est pas la réalité. »

Mo Farah

1983
Nationalité : **anglaise**
Disciplines : **5 000 m et 10 000 m - athlétisme**
Taille : **1,75 m**

Palmarès

4 médailles d'or aux Jeux de Londres 2012 et Rio 2016.

Records

Records du monde de la course à l'heure (21,33 km en 2020), record d'Europe du 10 000 m en 2011 (26 min 46,57 s) et du marathon en 2018 (2 h 05 min 11 s).

11 août 2012, Jeux de Londres

C'est une histoire qui finit bien. Né en Somalie, « Mo Farah » perd son père à l'âge de 4 ans, puis il est séparé de sa mère et envoyé illégalement en Angleterre à 9 ans. La femme, qui devait prendre soin de lui, le « donne » à une famille dont il devient le domestique. À 11 ans, le jeune garçon, qui parle à peine anglais, entre au collège mais, surtout, il découvre le sport et court très vite. Repéré par Alan Watkinson, son professeur de sport, la vie de l'adolescent va changer. Celui-ci se confie et raconte qu'il ne s'appelle pas Mo Farah, mais Hussein Abdi Kahin et qu'il est traité comme un esclave. Il sera alors placé dans une autre famille somalienne, obtiendra la nationalité britannique à 17 ans, et il deviendra un très grand champion !

Pour s'entraîner, il court plus de 200 km par semaine et alterne fractionnés, musculation et aqua-jogging. Il commence à briller sur les pistes et enchaîne les victoires. Ses atouts : des qualités de sprinter, assez rares chez un coureur d'endurance !

S'il échoue à se qualifier à la finale du 5 000 m aux Jeux de Pékin 2008, il a une revanche à prendre, ici, dans son pays d'adoption. Le 4 août, il a déjà remporté son premier titre olympique au 10 000 m (alors qu'il était tombé en pleine course), en plaçant l'une de ses accélérations dont il a le secret. Ses adversaires ont dû céder, impuissants.

En ce 11 août, lors de la finale du 5 000 m, il a de sérieux concurrents, l'Éthiopien Dejen Gebremeskel et le Kenyan Thomas Longosiwa. Le peloton est très compact, la tension énorme, le rythme plutôt lent (ce sera d'ailleurs le 5 000 m le plus lent depuis les Jeux Olympiques de 1966 !). Personne ne se démarque vraiment, Mo reste en dernière position. Choix tactique. Le suspense est à son comble.

Mais dans le dernier tour, quelle vitesse ! L'athlète anglais allonge ses foulées, tire sur ses bras, regarde à droite à chaque instant, il est suivi de très près, mais il accélère encore et franchit la ligne d'arrivée en tête. Le voici double médaillé d'or !

Les 80 000 spectateurs se lèvent tous et acclament leur héros. Mo embrasse la piste, se relève, met ses bras au-dessus de sa tête comme pour former un « M », un geste que la presse va baptiser le « Mobot » !

Aux Jeux de Rio 2016, il récidive sur 5 000 m et 10 000 m et le voici quadruple médaillé d'or ! C'est le plus grand athlète britannique de l'histoire qui sera anobli par la reine Elisabeth II en 2017.

Ci-contre : Mo Farah célébrant sa victoire au 5 000 m aux Jeux de Londres 2012.

Technique

Les coureurs de fond savent qu'ils doivent tenir la distance sur 5 000 m, 10 000 m, marathon, mais qu'ils doivent aussi être tactiques. Dès le début de la course, ils se rabattent vers l'intérieur du virage, là où la distance à parcourir sera moins longue. Les meilleurs athlètes vont tenter de se positionner derrière un autre coureur, « le lièvre », qui ouvre la course et mène le train au service du champion. Les JO interdisent ces lièvres pour respecter une sorte de justice entre athlètes… Pourtant, lors de la finale du 10 000 m à Tokyo, trois Ougandais ont mené une course stratégique en poussant l'un d'eux loin en avant sur les cinq premiers kilomètres. Cela ressemblait étonnement à une tactique d'équipe avec deux lièvres !

THÉO CURIN

le motivateur

« J'en ai marre que les gens se refusent d'être eux-mêmes, pour appartenir à la norme. Ça m'énerve. On est tous différents. On ne trouvera jamais l'être parfait. Il faut être fier de sa différence. »

Théo Curin

2000
Nationalité : **française**
Disciplines : **100 m et 200 m nage libre**

Palmarès
Double vice-champion du monde sur 100 m et 200 m nage libre en 2017 et 1 médaille de bronze aux championnats du monde à Londres en 2019.

Ci-dessus :
Théo Curin traversant le lac Titicaca en novembre 2021.

Septembre 2016, Jeux de Rio

Théo Curin n'est qu'un enfant lorsqu'il est victime d'une méningite foudroyante. À 6 ans, il est amputé des bras et des jambes. Mais, dans la famille de Théo, on positive, on ne se lamente pas. La maman achète le livre de Philippe Croizon, amputé des quatre membres, athlète aux records et défis sportifs incroyables, comme celui de traverser la Manche à la nage. Ils se rencontrent. C'est le moment déclencheur. Théo, jusqu'à présent aquaphobe, découvre les bienfaits de l'eau et de la natation. L'eau, c'est la liberté, c'est la possibilité de se mouvoir sans prothèse.

À 13 ans, Théo quitte sa famille pour intégrer le Creps de Vichy, à plus de 500 km de chez lui. Il s'entraîne dur et il nage dans les bassins dès 7 heures du matin, 4 heures par jour. L'adolescent est fort et devient très vite un espoir de la natation handisport. Aux championnats d'Europe en 2016, il remporte l'argent sur 200 m nage libre. Aux championnats de France, son record sur 200 m lui permet de se qualifier pour les Jeux de Rio 2016.

À 16 ans à peine, ce n'est pas si mal !

Aux Jeux de Rio 2016, le 8 septembre, le benjamin de l'équipe de France est au couloir n° 6, agenouillé, prêt à sauter pour une place sur le podium du 200 m nage libre. Le départ est donné. Au couloir n° 4, le multiple champion brésilien Daniel Dias impose un rythme d'enfer. À mi-parcours, Théo est quatrième, il donne tout, mais ce sera insuffisant pour accéder au podium. Au 100 m, il finira 6e.

Il fera mieux aux Jeux de Tokyo 2020, se dit-il. Mais la catégorie S5 dans laquelle il concourt change et intègre désormais les athlètes « avec des bras et des mains ». Théo renonce à participer aux olympiades, car il pense n'avoir aucune chance de l'emporter.

À présent, il a d'autres défis en tête : traverser, à la nage et en autonomie, le lac Titicaca, situé entre le Pérou et la Bolivie, avec les nageurs Malia Metella et Matthieu Witvoet. 3 800 m d'altitude, 122 km dans une eau à 10 °C. Onze jours plus tard, le défi est relevé. En novembre 2022, le Lorrain devient le premier athlète handisport à terminer à la nage le « Santa Fé-Coronda », en Argentine, un marathon aquatique de 57 km dans une rivière infestée de crocodiles !

Et quand il ne se lance pas de défis sportifs, le jeune Théo est conférencier, chroniqueur dans les médias, mannequin, acteur dans plusieurs séries télé et ambassadeur du mouvement paralympique. Il a fait sienne la phrase du Petit Prince, le héros de Saint-Exupéry : « Fais de ta vie un rêve et d'un rêve, une réalité. »

NICOLA ADAMS

invincible

« La boxe, c'est comme les échecs. Vous encouragez votre adversaire à faire des erreurs afin d'en tirer parti. Les gens pensent que vous montez sur le ring et que vous voyez une sorte de brume rouge, mais il ne s'agit pas d'agressivité. Éviter de se faire éliminer est tactique. »

Nicola Adams

1982
Nationalité : **britannique**
Sport : **boxe**
Taille : **1,64 m**

Palmarès

2 médailles d'or aux Jeux de Londres 2012 et de Rio 2016.

Août 2016, Jeux de Rio

Elle ne paraît pas très imposante avec ses 50 kg et, pourtant, la Britannique est double médaillée olympique, deux fois l'or en deux olympiades. Aux Jeux de Londres 2012, dans son propre pays, elle est la toute première médaillée de boxe, car la discipline n'existait pas pour les femmes avant cette date. Dès lors, elle devient un symbole de la lutte pour l'égalité des sexes et pour la liberté de tous à pratiquer le sport de son choix.

Nicola commence la boxe à 12 ans, deux ans avant que les combats soient autorisés pour les femmes. Elle gagne ses premières médailles européennes dès l'âge de 15 ans, et c'est en poids mouche (moins de 51 kg) qu'elle se met à collectionner les titres internationaux.

Aux Jeux de Londres 2012, les pronostiqueurs parient sur la Chinoise Ren Cancan, triple championne du monde. Dommage pour eux. Les spectateurs, survoltés, encouragent leur compatriote qui prend l'avantage au score dès le premier round, envoie son adversaire au tapis au second, décroche quelques droites au tour suivant. L'Anglaise bat Ren Cancan aux points (16-7) après un crochet du gauche suivi d'un centre droit.

En mai 2016, elle devient championne du monde. En août, la voilà aux Jeux de Rio 2016, face à la Française Sarah Ourahmoune. Victoire britannique sur décision unanime des juges.

L'année suivante, elle passe chez les professionnelles et reste invaincue sur six combats. Mais au bout de deux années, à 37 ans, elle est contrainte de prendre sa retraite sportive pour épargner ses yeux, abîmés par les duels.

Ci-contre : Nicola Adams l'emporte contre l'Ukrainienne Tetyana Kob aux Jeux de Rio 2016.

Histoire

La boxe masculine devient olympique en 1904 aux Jeux de Saint-Louis. La boxe féminine, jugée trop dangereuse, le sera 108 ans plus tard, avec trois catégories (-51 kg, -60 kg, -75 kg). Jusqu'en 2012, seuls les amateurs pouvaient participer aux olympiades. À partir de 2016, les professionnels sont acceptés. Aux Jeux de Paris 2024, il y a six catégories de poids chez les femmes.

Technique

Chaque rencontre est à élimination directe. Le combat se déroule en trois rounds de 3 min pour les hommes, et en quatre rounds de 2 min pour les femmes. Le boxeur doit toucher son adversaire sur les zones autorisées, et le jugement se fait round par round. Le vainqueur est celui qui a le plus de points sur les trois rounds. Le combattant peut aussi l'emporter par K.-O. (*Knock out*), ou par abandon de l'athlète ou de son entraîneur (jet de l'éponge).

ALLYSON FELIX

l'icône du sprint

« J'espère qu'on se souviendra de moi comme une compétitrice féroce, mais, surtout, le plus important pour moi, comme quelqu'un qui a essayé de laisser le sport dans un meilleur état qu'il ne l'avait trouvé, de soutenir les femmes athlètes, et les femmes en général, et de se battre pour plus d'égalité. »

Allyson Felix

1985
Nationalité : **américaine**
Discipline : **sprint (100 m, 200 m et 400 m) - athlétisme**
Taille : **1,68 m**

Palmarès

7 médailles d'or de 2008 à 2021, 3 médailles d'argent de 2004 à 2016 et 1 médaille de bronze en 2021.

Records

18 titres mondiaux.

Août 2016, Jeux de Rio

La sprinteuse américaine se souvient de sa deuxième place aux Jeux d'Athènes 2004, juste derrière son éternelle rivale, la Jamaïcaine Veronica Campbell. C'était il y a douze ans.

Elle garde en mémoire ses années d'entraînement, quand on la surnommait « cuisses de poulet », tant elle était menue. En 2001, elle est championne du monde de la jeunesse sur 100 m. En 2005, à Helsinki, elle devient la plus jeune championne du monde de l'histoire sur 200 m. Elle se rappelle les titres olympiques, quand elle a commencé à enchaîner les victoires en 2008 sur le relais 4 x 400 m, puis sur 200 m, 4 x 100 m et 4 x 400 m en 2012.

Aujourd'hui, dans la «Cité merveilleuse», à plus de 30 ans, la championne a choisi de s'aligner sur 400 m et les relais 4 x 100 m et 4 x 400 m. Elle connaît son point faible, un départ catastrophique, et ses points forts, une pointe de vitesse redoutable et une ample foulée.

Lors de la finale du 400 m, la championne est en tête, mais sa poursuivante, la Bahaméenne Shaunae Miller, plonge littéralement, tête la première sur la ligne d'arrivée et remporte la course, 7 centièmes de seconde devant Allyson. Stupeur et tremblements. Pour le relais 4 x 100 m et le 4 x 400 m, les dieux olympiens veillent sur la championne et son équipe qui finissent premières chaque fois.

Aux Jeux de Tokyo 2020, la jeune maman de 35 ans monte sur la troisième marche du podium sur 400 m, mais décroche l'or sur le relais 4 x 400 m. Avec ses dix médailles olympiques, la Californienne dépasse le record de la Jamaïcaine Merlene Ottey, et devient l'athlète féminine la plus titrée des Jeux. Avec une particularité cependant : Allyson Felix n'a remporté qu'un seul titre en individuel : le 200 m aux Jeux de Londres 2012. Les cinq autres l'ont été avec ses coéquipières de relais. En comparaison, Carl Lewis en a remporté sept dans des épreuves individuelles, Usain Bolt, six.

La super championne a pris sa retraite après cinq olympiades et 17 années au plus haut niveau : un record de longévité dans la performance.

Ci-contre : Allyson Felix lors de la finale du 400 m aux Jeux de Rio 2016.

Info

Lorsque Allyson Felix était enceinte, son équipementier de longue date Nike a réduit sa rémunération de 70 % ! « C'est l'un des exemples de l'industrie du sport où les règles sont encore principalement faites par et pour les hommes », disait-elle. Les nouveaux contrats ont été modifiés, grâce à elle, et maintiennent désormais le paiement des salaires 18 mois après l'accouchement.

XXXIe OLYMPIADE

Jeux de Rio (Brésil)

5-21 août 2016

Athlètes : 11 238, dont 5 060 femmes

Sports : 32

Épreuves : 306

Nations : 207

Classement :
États-Unis
Grande-Bretagne
Chine

Jeux Paralympiques : 4 328 athlètes

LES NAGEUSES PARALYMPIQUES

héroïnes aquatiques

Claire Supiot, le dauphin

Claire Supiot aux championnats de France en 2020.

La nageuse d'Angers, Claire Supiot, n'a que 20 ans lorsqu'elle participe aux Jeux de Séoul 1988, sur la distance de 200 m papillon. Comme tous les champions, elle a commencé très tôt : à 5 ans elle nageait, à 13 ans elle intégrait le cursus sport-études de Dinard, en Bretagne. À 40 ans, alors qu'elle est maître-nageuse, la mère de trois enfants apprend qu'elle souffre du syndrome de Charcot-Marie-Tooth, une maladie qui affecte les nerfs contrôlant les muscles des jambes. Loin de se décourager et soutenue par son frère, elle reprend l'aquagym quelques années plus tard, puis les entraînements en handisport. L'athlète doit tout réapprendre car elle ne peut plus se tenir debout, ni pousser sur ses jambes pour plonger ou effectuer les virages. Si elle n'est pas sélectionnée pour les Jeux de Rio 2016, elle l'est, à 51 ans, pour ceux de Tokyo 2020 où elle s'aligne sur 100 m et 400 m nage libre, et 200 m quatre nages. C'est sur le 100 m papillon qu'elle se qualifie pour la finale. Elle ne finira pas sur le podium, mais elle reste l'une des rares athlètes de haut niveau à avoir participé aux Jeux Olympiques et aux Jeux Paralympiques.

Béatrice Hess, la « torpille »

La Française Béatrice Hess a remporté au moins une médaille dans chacune de ses cinq apparitions aux Jeux Paralympiques, soit 26 médailles : 4 en or pour ses premiers Jeux à New York en 1984 ; en 1988, à Séoul, elle se contente de 3 médailles, mais une seule en or ; en 1992, elle est enceinte de son deuxième enfant ; en 1996, à Atlanta, elle remporte 7 médailles, dont 6 en or ; aux Jeux de Sydney 2000, ce sont 7 titres olympiques tout simplement. En 2004, elle accroche cinq médailles à son cou, dont deux en or. Dans les années 1980, on l'appelait « l'handicapée qui faisait du sport », elle est devenue depuis l'une des athlètes paralympiques les plus titrées au monde.

Depuis l'adolescence, l'Alsacienne souffre d'une maladie évolutive, proche de la sclérose en plaques, qui l'empêche de marcher. Envoyée à l'hôpital de Berck, à des centaines de kilomètres de sa famille, elle subit une quinzaine d'opérations. Mais elle découvre surtout la natation. « On m'a descendue dans l'eau sur mon chariot. J'ai tout de suite ressenti cette liberté de me mouvoir, ce grand bonheur. Pour la première fois, on m'encourageait. J'ai progressé, mue par ma rage. » Tempérament de battante, elle s'engage en handisport et se démène pour que les enfants handicapés pratiquent une activité sportive, notamment à l'école. Elle se félicite aussi que la prime accordée aux médaillés d'or (65 000 euros) soit désormais la même pour les valides et les non-valides. Béatrice Hess ne lâche jamais prise.

Béatrice Hess
au bord du bassin.

LES SPORTS AQUATIQUES

Le plongeon

Du haut de la plateforme, la jeune Chinoise Quan Hongchan ne tremble pas. Très concentrée, les pieds au bord du plongeoir, elle s'élance pour exécuter une figure parfaite et pénétrer dans l'eau, 10 m plus bas, avec le moins d'éclaboussures possible. L'athlète n'a que 14 ans lorsqu'elle devient championne olympique à Tokyo, en 2021, après avoir réalisé des plongeons, chaque fois, différents. D'autres athlètes préfèrent le tremplin à 3 m où le plongeur prend son élan, rebondit pour gagner de la hauteur et fait une série de mouvements acrobatiques imposés.

Le plongeon, apparu en Suède et en Allemagne au XIXe siècle, a fait son entrée aux Jeux de Saint-Louis 1904 (1912 pour les femmes). En 2000, des épreuves synchronisées sont ajoutées. La Chine et les États-Unis dominent la discipline depuis de nombreuses olympiades.

L'athlète chinoise Quan Hongchan aux Jeux de Tokyo 2020.

La natation artistique

Une eau limpide à 26 °C, une musique pas trop forte, et huit ballerines plongent dans l'eau. Ces nageuses dansent, virevoltent sous l'eau, sautent en rythme avec une grande élégance. Qu'elles soient en équipe ou en duo, elles doivent exécuter, au cours de leurs deux programmes, l'un technique et l'autre libre, différents mouvements sous l'eau : le grand écart, le barracuda, la vrille descendante, le porté, le ballet legs… La discipline exige de la souplesse, de la puissance, de la rigueur et de la coordination pour réaliser une parfaite chorégraphie. Parmi les nations championnes, la Russie est en tête depuis les Jeux de Sydney 2000.

La natation artistique, appelée « natation synchronisée » jusqu'en 2017, est présente aux Jeux depuis 1984. Aux Jeux de Paris 2024, les hommes peuvent également concourir, un juste retour des choses, car les premiers concours s'adressaient uniquement aux hommes.

Ci-dessous : L'équipe espagnole de natation artistique aux Jeux de Tokyo 2020.

Le water-polo

Né en Grande-Bretagne vers 1850, le sport fait son entrée aux Jeux de Paris 1900, une discipline à laquelle les femmes pourront participer cent ans plus tard. But du jeu : marquer le plus de points possible, mais dans l'eau ! Les sept joueurs de chaque équipe n'ont jamais pied et doivent lancer d'une main le ballon dans les buts adverses. C'est un sport très physique, mêlant vitesse et endurance, où les coups sont courants. Ainsi chaque athlète est muni d'un protège-dents et d'un bonnet de bain équipé de protège-oreilles. La Hongrie est ultra-dominante avec 17 médailles dont 9 d'or aux Jeux de Tokyo 2020 !

A-Z

Lexique

Chaque discipline a son propre vocabulaire. Pour le plongeon, on dit « rip » pour parler d'une entrée parfaite dans l'eau, bien à la verticale sans presque aucune éclaboussure ; un plongeon avec tire-bouchon signifie que le plongeon s'accompagne d'une torsion du corps. En natation synchronisée, on parle de « godille » pour évoquer un mouvement avec les mains et les avant-bras ; un « rétropédalage » quand le nageur fait du surplace en tournant les jambes ; un « ballet legs » est une figure où, allongé sur le dos, jambes tendues, l'athlète lève une jambe pour former un angle droit.

TEDDY RINER

le « winner »

« Si je suis au-dessus, c'est parce que je m'entraîne dur. Si j'arrête le judo pendant quelques semaines, je me fais croquer comme un bonbon. Il y a toujours eu quelqu'un en face. Quand quelqu'un gagne trop, on dit qu'il n'y a personne. On ne dit jamais qu'il est meilleur parce qu'il travaille plus que les autres. »

Teddy Riner

1989
Nationalité : **française**
Sport : **judo**
Taille : **2,04 m**

Palmarès

3 médailles d'or aux Jeux de Londres 2012, Rio 2016 et Tokyo 2020 (par équipe), 2 de bronze aux Jeux de Pékin 2008 et Tokyo 2020.

Records

11 titres mondiaux, 5 titres européens.

12 août 2016, Jeux de Rio

En 2007, aux championnats du monde de judo de Rio, au Brésil, le Guadeloupéen Teddy Riner montait, à 17 ans, sur la plus haute marche du podium et faisait retentir la Marseillaise. Un an plus tard, aux Jeux de Pékin 2008, il gagne la médaille de bronze.

135 kg en moyenne, 2,04 m de hauteur. Ses mensurations impressionnantes n'empêchent pas le judoka de se déplacer très vite et de terrasser son adversaire dès le « hajime » (signal de départ) prononcé. Cette vitesse, c'est d'ailleurs son point fort. Pour se maintenir à un haut niveau, il s'entraîne des heures durant, tous les jours. Pour plus d'efficacité, il s'adjoint un « sparring-partner » (partenaire d'entraînement),

Histoire

Le judo, « voie de la souplesse », est apparu pour la première fois au programme olympique lors des Jeux de Tokyo 1964 et pour les femmes en 1992 à Barcelone. Ce sport a été créé en 1880 au Japon par Jigoro Kano.

une personne qu'il secoue beaucoup, et qui est prête à prendre les chocs et à chuter encore et encore. C'est payant. Teddy remporte l'or aux Jeux de Londres 2012. Le champion règne désormais en maître sur les tatamis. Il est invincible.

Comme tous les super athlètes, Teddy ne vise que l'excellence. Prochaine étape (en dehors des mondiaux): les Jeux de Rio 2016, la « Cité merveilleuse », là où il avait déjà brillé en 2007 et 2013 pour les championnats du monde. Riner sait que « Les Jeux Olympiques, ce n'est pas un jour tous les quatre ans, mais tous les jours pendant quatre ans » (selon la judoka Kayla Harrison).

Lors de la cérémonie d'ouverture, l'octuple champion du monde porte le drapeau de la délégation tricolore. La star est fière. Dans l'enceinte de la Carioca Arena, Teddy sait qu'il est le grand favori de la catégorie des plus de 100 kg. Cela fait presque six ans qu'il n'a plus perdu de combat. Concentration. Isolement.

À chaque tour, il domine ses adversaires. Il bat en quart de finale le Brésilien Rafael Silva, vaincu par *waza-ari*. Il gagne en finale contre le Japonais Hisayoshi Harasawa grâce à deux *shidos* (pénalités). Il gagne sa deuxième médaille d'or. Il est imbattable. Il rejoint le cercle très fermé des judokas aux trois podiums, dont le Français David Douillet. Il a brisé la malédiction des porte-drapeaux, celle qui veut que le porteur ne gagne pas. C'était le cas pour Tony Estanguet en 2008 ou Laura Flessel en 2012.

En 2021, il se rend au Japon, le pays qui a inventé le judo. Il espère faire un triplé. La pression est grande. Il va de nouveau vaincre Hisayoshi Harasawa, mais cette fois, ce sera pour la médaille de bronze. Quatre médailles olympiques soit une par Jeux, quel talent !

Ci-contre : Teddy Riner lors de la finale aux Jeux de Rio 2016.

Lexique

On pense que les judokas ne font que tenter d'enlever la veste de l'adversaire. En réalité, chacun doit tenter de jeter l'autre sur le dos ou de le maintenir au sol durant 20 s, afin de marquer un *ippon*. Et de remporter une victoire immédiate.

o-goshi : technique de projection de la hanche.
De-ashi-barai : technique de balayage avec le pied.
Waza-ari : 2e plus gros score après le *ippon*.
Maïta : abandon d'un judoka.

LE VOLLEYBALL FRANÇAIS

le suspense garanti

« Ce match a été un peu à l'image de notre tournoi où on est passé par toutes les émotions. Quand les Russes sont revenus à 2-2, je ne dirais pas qu'on a douté mais on était moins serein. Puis, c'est ça qui fait la beauté de notre sport, tu reviens, tu défends bien et tout change. »

Earvin Ngapeth, attaquant

Nationalité : **française**
Sport : **volleyball**
Taille : **aux alentours de 1,95 m**

Août 2021, Jeux de Tokyo

Les Bleues du handball ont décroché leur première médaille d'or, les handballeurs, quant à eux, ont confirmé une nouvelle fois leur suprématie mondiale. Les basketteurs remportent une médaille d'argent face à la meilleure équipe du monde, les États-Unis, et les basketteuses gagnent celle de bronze.

Les sports collectifs français brillent à Tokyo. On attend encore l'équipe de volley. Les Bleus viennent d'échapper à l'élimination dès le premier tour, comme à Rio quatre ans plus tôt. Ils doivent se surpasser durant cette olympiade. En quatre participations, ils n'ont jamais atteint les quarts de finale. Pourtant, là, à Tokyo, les volleyeurs viennent de battre en quart la championne du monde, la Pologne, puis ils éliminent l'Argentine en demi-finale et les voilà, déjouant tous les pronostics, en finale face aux favoris russes.

Les Tricolores dominent les deux premiers sets, mais les Russes se réveillent et égalisent à deux sets partout. La tension est palpable sur le terrain. Mais comme tous les grands champions, les Bleus parviennent à retrouver des ressources mentales incroyables qui leur permettent de revenir au score. Les smashs se succèdent, toujours impressionnants, ces gestes où le joueur, encore en l'air, mêle adresse et puissance pour frapper le ballon et l'envoyer là où l'adversaire ne pourra pas le récupérer.

La dernière action est la bonne et permet à la France de l'emporter ! Bravo !

Ci-contre : Qualification de l'équipe de France de volleyball pour les Jeux de Tokyo 2020.

Histoire

Le volley, qui compte plus de 350 millions de pratiquants dans le monde, aussi bien chez les femmes que chez les hommes, a été inventé aux États-Unis, en 1895, par William G. Morgan, un professeur de sport. Le volley arrive en Europe après la Première Guerre mondiale et il fait son entrée aux Jeux de Tokyo 1964 justement ! Le beach volley est inscrit en 1996 au programme officiel des Jeux.

XXXIIe OLYMPIADE

Jeux de Tokyo (Japon)

23 juillet - 8 août 2021

Athlètes : 10 616, dont 5 160 femmes

Sports : 33

Épreuves : 321

Nations : 207

Classement :
États-Unis
Chine
Japon

Jeux Paralympiques : 4 403 athlètes

LE PARA TENNIS DE TABLE

Septembre 2021, Jeux de Tokyo

Lorsque le para tennis de table fut inscrit aux premiers Jeux Paralympiques, à Rome en 1960, seuls les pongistes en fauteuil pouvaient participer. En 1976, tous les athlètes sont acceptés : joueurs en fauteuil roulant, joueurs debout et joueurs ayant une déficience intellectuelle.

Dans la capitale japonaise, l'Égyptien Ibrahim Hamadtou enchaîne les coups avec la raquette serrée dans la bouche et lance la balle avec son pied nu, le deuxième est chaussé d'une basket. Celui qui a perdu, à 10 ans, ses deux bras dans un accident de train, avait essayé auparavant avec la raquette sous le bras, sans en être satisfait. Aux Jeux de Rio 2016, il avait fini 11e en individuel et 9e en double.

À Tokyo, âgé de 48 ans, le compétiteur s'incline face au Coréen Hong Kyu Park, mais son duel sera suivi par des

Ci-contre, en haut : Ibrahim Hamadtou aux Jeux Paralympiques de Tokyo 2020.

Ci-contre, en bas : Fabien Lamirault aux Jeux Paralympiques de Londres 2012.

Histoire

Le tennis de table aurait été inventé en Angleterre au XIXe siècle, lorsque, à la fin du repas, on se lançait des bouchons de liège au-dessus de la table, que l'on relançait avec des couvercles de boîte à cigares. En 1936 ont lieu les premiers championnats du monde à Londres. Le tennis de table est inscrit aux Jeux de Séoul 1988, et il est largement dominé par la Chine.

Le para tennis de table, quant à lui, a fait son entrée bien avant, en 1960, lors des premiers Jeux Paralympiques. Il compte plus de 40 millions de licenciés dans une centaine de pays à travers le monde. C'est actuellement la troisième discipline paralympique par le nombre de sportifs engagés.

millions de téléspectateurs, faisant de lui une véritable icône dans son pays. « Le handicap n'est pas dans les bras ou les jambes, le handicap est de ne pas persévérer dans tout ce que vous voudriez faire », dit-il.

Côté français, Fabien Lamirault participe à ses troisièmes Jeux Paralympiques. Paraplégique depuis un accident de voiture, le pongiste de 41 ans remporte sa cinquième médaille, la troisième individuelle, face au Polonais Rafał Czuper. C'est sa deuxième médaille d'or consécutive, toujours contre le même adversaire.

En double, c'est avec Stéphane Molliens qu'il remporte l'or en battant la Corée du Sud. C'est leur deuxième médaille d'or à la suite, et là aussi, toujours contre les mêmes !

La jeune Léa Ferney, âgée de 17 ans à peine, participe à ses premiers Jeux Paralympiques à Tokyo, mais perd en finale contre la championne du monde et championne d'Europe, la Russe Elena Prokofeva. La Dijonnaise prend sa revanche aux championnats du monde en novembre 2022 en remportant son premier titre en simple. Aux Jeux de Paris 2024, elle va tenter de décrocher l'or pour compléter son palmarès déjà au top !

Technique

Le para tennis de table a les mêmes règles que le tennis de table olympique. Seule différence : le service pour les joueurs en fauteuil roulant. L'effet rétroactif est interdit tout comme l'utilisation des petits côtés de la table.

SIMONE BILES

la plus grande de tous les temps

« Je ne suis pas la prochaine Usain Bolt ou Michael Phelps. Je suis la première Simone Biles. »

Simone Biles

1997
Nationalité : **américaine**
Sport : **gymnastique**
Taille : **1,42 m**

Palmarès

4 médailles d'or et 1 de bronze aux Jeux de Rio 2016, 1 d'argent (par équipe) et 1 de bronze aux Jeux de Tokyo 2020.

Records

25 médailles aux mondiaux, dont 19 en or.

Août 2016, Jeux de Rio

Ce sont ses premiers Jeux, mais, à 19 ans, l'Américaine a déjà une impressionnante moisson de médailles et de titres mondiaux. Du haut de son 1,42 m, la « puce » est puissante et domine la compétition. Elle remporte l'or du concours général en individuel et par équipe, au saut et au sol, ainsi que le bronze à la poutre.

En 2019, aux championnats du monde, elle devient même la première gymnaste à réussir un double salto arrière groupé avec une triple vrille, lors de sa performance au sol. Lorsqu'elle réalise à la poutre un double salto arrière, demi-vrille, réception à l'aveugle, elle s'envole à près de deux fois sa hauteur. Ces deux figures portent désormais son nom, ainsi que deux autres sauts au sol !

Qui peut en dire autant ?

Aux Jeux de Tokyo 2020, la jeune fille, la plus titrée de l'histoire de sa discipline, celle que l'on considère comme la meilleure gymnaste de tous les temps, vacille. Trop de pression des entraîneurs, de la famille, du public, des États qui misent beaucoup d'argent sur ces sportifs. Elle se retire de la finale du concours général par équipe et déclare forfait pour les quatre finales individuelles à venir. Elle ose évoquer les difficultés mentales que peuvent ressentir les athlètes de très haut niveau. « Nous devons protéger notre esprit et notre corps, pas seulement faire ce que le monde attend de nous. J'ai moins confiance en moi. Il y a ces quelques jours où tout le monde tweete sur vous et vous sentez le poids du monde. Nous ne sommes pas juste des athlètes. Au bout du compte, nous sommes des êtres humains et, parfois, il faut savoir se mettre en retrait. »

Victime de « perte de figure » (blocage psychologique qui entraîne une perte de repères lors des sauts), elle a pourtant arraché une médaille de bronze à la poutre. Le monde sportif a salué l'athlète d'avoir le courage de parler de « santé mentale », car on n'évoque souvent que les blessures physiques, et pourtant, sans le mental, le sportif, toujours en quête de perfection, ne peut prétendre à la victoire.

Ci-contre : Simone Biles lors de la finale de l'exercice au sol aux Jeux de Rio 2016.

Technique

Lorsque Simone s'envole dans un salto arrière et qu'elle retombe parfaitement sur la poutre, large de 10 cm à peine, la gymnaste sait garder parfaitement son équilibre. Pourquoi ? Parce que dans ses muscles et ses articulations, des capteurs ont détecté la position de son corps et l'ont transmise au cerveau. Les oreilles aussi ont aidé : à l'intérieur, des cils microscopiques se déplacent avec les mouvements et en informent le cerveau… qui ordonne à tel ou tel muscle de corriger une position. Donc, en cas de chute, c'est la faute du cerveau qui a réagi trop lentement !

Info

Ces dernières années, dans plusieurs sports, des femmes osent dire non aux tenues parfois trop « dénudées ». Les gymnastes allemandes à Tokyo ont porté une combinaison intégrale plutôt qu'un justaucorps. Des joueuses de beach handball ont été sanctionnées car elles portaient un short et non un bikini ! La tenue de Serena Williams, combinaison intégrale, avait choqué en 2018. Des athlètes déclarent que ce ne sont ni les bikinis ni les justaucorps échancrés qui font l'excellence sportive, alors qu'on leur laisse peut-être décider par elles-mêmes la meilleure tenue pour pratiquer leur discipline !

CLARISSE AGBEGNENOU

la fonceuse

« Il ne faut jamais stagner, le judo est un sport tellement ingrat. On peut gagner une compétition et le lendemain, la suivante peut mal se passer. Je ne me vois pas invincible mais je mets toutes les chances de mon côté pour gagner le plus possible. »

Clarisse Agbegnenou

1992
Nationalité : **française**
Sport : **judo**
Taille : **1,64 m**

Palmarès

2 médailles d'or (en individuel et par équipe) aux Jeux de Tokyo 2020 et 1 d'argent (en individuel) aux Jeux de Rio 2016.

Records

6 titres de championne du monde, 5 titres européens.

27 juillet 2021, Jeux de Tokyo

Alors que Teddy Riner remportait aux Jeux de Rio 2016 une deuxième médaille d'or, la judoka française, championne du monde en titre, se « contentait » de monter sur la deuxième marche du podium lors de ses tout premiers Jeux Olympiques. Elle s'inclinait, dans la catégorie des moins de 63 kg, face à la Slovène Tina Trstenjak.

Cinq ans plus tard, à Tokyo, le pays du judo, la championne de 28 ans veut sa revanche. Et elle a raison d'y croire. Son palmarès 2018-2019 est étincelant : 50 victoires, rien que ça ! Au Budokan de Tokyo, vide de spectateurs, les tatamis sont désinfectés entre chaque combat, la Covid est passée par là.

En ce mardi 27 juillet, quatre jours après la cérémonie d'ouverture où elle a été porte-drapeau de la délégation française, Clarisse rassure : elle est déjà auréolée de deux victoires contre la Cap-Verdienne Sandrine Billiet et la Néerlandaise Juul Franssen. Pour se recentrer avant le prochain combat et gérer l'attente et le stress, la championne chante et danse, casque sur les oreilles. Elle se sent intouchable.

Puis voici le duel tant attendu : elle retrouve en finale Tina Trstenjak. « Que la meilleure gagne » se soufflent les deux adversaires, très respectueuses l'une de l'autre, juste avant le combat. Mais cette fois-ci, l'or sera pour la Française ! Après 37 s dans le *golden score* et grâce à un fauchage, la Française vainc par *Waza-ari*. Elle se tourne vers son équipe qui n'a cessé de l'encourager. Quatre jours plus tard, elle remporte l'or par équipe mixte (avec en équipiers Axel Clerget, Sarah-Léonie Cysique et Teddy Riner), en battant le Japon par quatre victoires à une.

Ci-contre : Clarisse Agbegnenou célébrant sa victoire contre la Slovène Tina Trstenjak aux Jeux de Tokyo 2020.

Histoire

Depuis l'introduction du judo pour les femmes aux Jeux de Barcelone 1992, les judokas françaises, toutes catégories confondues, en sont souvent revenues médaillées : l'or pour Cécile Nowak et Catherine Fleury en 1992, Marie-Claire Restoux (1996), Lucie Décosse (2012), Émilie Andéol (2016) ; l'argent pour Séverine Vandenhende et Céline Lebrun en 2000, Frédérique Jossinet (2004), Lucie Décosse (2008), Audrey Tcheuméo (2016), Amandine Buchard, Sarah-Léonie Cysique et Madeleine Malonga en 2021.

Lexique

Hajime : « Commencez », terme employé par l'arbitre au début et à chaque reprise d'un combat.
Waza-ari : il y a action de technique et il valide l'impact d'une projection sur le tatami (sol) ou un temps d'immobilisation.
Golden score : période supplémentaire, sans limite de temps, en cas d'égalité entre deux combattants à l'issue des 4 min réglementaires. Durant le *golden score*, n'importe quel point marqué est synonyme de victoire et de fin du combat.
Matte : arrêt momentané du combat.
Soremade : fin du combat.

BEBE VIO

le phénix ressuscité

« J'ai eu la chance de vivre deux fois le moment de ma vie que je préfère. »

Bebe Vio

1997
Nationalité : **italienne**
Sport : **para escrime**

Palmarès
2 médailles d'or aux Jeux de Rio 2016 et Tokyo 2020.

Ci-dessus :
Bebe Vio aux Jeux Paralympiques de Tokyo 2020.

21 août 2016, Jeux de Rio

Dans le sport paralympique, chacun a une histoire. Et les paralympiens veulent connaître les histoires de ces personnes, celles qu'elles étaient avant. Pourquoi sont-elles en fauteuil, pourquoi n'ont-elles pas de jambes, pas de bras ? Chacun a su surmonter des obstacles pour pouvoir réaliser ses rêves, envers et contre tout.

À 5 ans, Beatrice Vio commence l'escrime qu'elle pratique assidument. À 11 ans, elle est amputée de ses bras, puis de ses jambes suite à une sévère méningite qui a failli lui coûter la vie. Mais Bebe est une passionnée, une guerrière et elle décide de « combattre sa maladie par l'escrime ». Elle réapprend tout : marcher, manger, se laver, petit à petit. C'est une deuxième naissance. Une nouvelle vie.

Son père visse son fleuret à une prothèse créée pour elle, telle une extension de son propre bras. Elle a des prothèses pour marcher presque normalement, mais c'est en fauteuil roulant qu'elle pratique sa discipline, celui-là même

Histoire

L'escrime fauteuil est présent depuis les premiers Jeux Paralympiques à Rome, en 1960. Il se pratique avec une arme au choix : le fleuret, avec lequel on vise le tronc de l'adversaire ; l'épée et le sabre, avec lesquels on touche tout le corps au-dessus de la taille. La différence entre l'escrime fauteuil et l'escrime debout est la distance entre les deux athlètes. L'escrime fauteuil est un combat très rapproché, même si les deux tireurs s'écartent et se rapprochent sans cesse. Alors que pour l'escrime debout, la distance est en évolution constante sur les 14 m de la piste.

qu'elle refusait au début. « Je me suis rendu compte que j'aimais encore plus l'escrime en fauteuil que l'escrime debout. En fauteuil, impossible de fuir. Impossible d'avoir peur. » Elle enfile son masque. Elle, qui rêvait plus jeune des Jeux Olympiques, sait qu'elle est prête à gagner.

D'abord championne d'Europe en 2014, championne du monde en 2015, elle décroche la médaille d'or aux Jeux de Rio 2016, avec un parcours exceptionnel où elle domine ses concurrentes, dont la multimédaillée Marta Makowska.

Elle ne s'arrête pas là et collectionne les titres internationaux, malgré les soucis de santé qui se rappellent à elle de manière régulière. La voilà invitée sur les plateaux de télévision, conviée à la Maison Blanche par Barack Obama, au Parlement européen, choisie pour devenir égérie de plusieurs marques de mode.

Aux Jeux de Tokyo 2020, 120 jours après avoir été opérée d'une infection mortelle, l'athlète remporte ses assauts et obtient le Graal. Le monde l'acclame. Quelle force ! Quel modèle !

Sa notoriété dépasse les frontières.

Bebe est non seulement une sportive accomplie, mais elle se démarque également en fondant une association qui soutient les sportifs en situation de handicap, pourfend les clichés sur le handicap, encourage l'inclusion et pousse au dépassement de soi. « Si cela semble impossible, alors on peut le faire. »

Technique

Avant l'assaut, les deux athlètes sont installés face à face, leur fauteuil solidement fixé au sol. La plus courte allonge, c'est-à-dire le bras le plus court, permettra de déterminer la distance qui les sépare. Puis les escrimeurs ont trois fois 3 min pour montrer leur technique et leur habileté. Chacun va se fendre pour attaquer ou défendre. Anticiper et réagir, toucher sans être touché, sont les maîtres mots pour gagner le duel !

KEVIN MAYER

le champion d'exception

« Je voulais vraiment gagner ici [à Tokyo], mais gagner à Paris serait incroyable. Je ne veux pas clamer que je vais être le meilleur à l'avenir, mais je vais tout faire pour atteindre cet objectif. »

Kevin Mayer

1992
Nationalité : **française**
Discipline : **décathlon**
Taille : **1,85 m**

Palmarès
2 médailles d'argent aux Jeux de Rio 2016 et de Tokyo 2020.

Records
2 titres de champion du monde en 2017 et 2022, recordman du décathlon avec 9 126 points.

5 août 2021, Jeux de Tokyo

« Plus haut, plus vite, plus fort ! », se répète le vice-champion olympique depuis qu'il a commencé l'athlétisme et découvert le décathlon vers l'âge de 12 ans. Le décathlon, c'est enchaîner dix épreuves aussi différentes que possible en deux jours. Autant dire qu'il faut être un athlète complet, bon partout pour accomplir ces « dix travaux », voire exceptionnel. Peu le sont, mais Kevin l'est. Il faut mettre son corps à rude épreuve, comme n'importe quel athlète de très haut niveau. Mais le jeune homme a un mental de super-compétiteur qui lui permet de soutenir ce corps qui se plaint, parfois, de tant d'intensité, de tant de douleurs musculaires, de tant de fatigue.

Lors de ses premiers Jeux Olympiques à Londres en 2012, il finit 15e avec un score de 7 952 points, bien inférieur à celui qu'il venait de réaliser quelques semaines auparavant à Bruxelles. L'échec de Londres n'est plus qu'un lointain souvenir lorsque l'athlète décroche la médaille d'argent à Rio en 2016, juste derrière la légende américaine Ashton Eaton. Un an plus tard, Mayer devient champion du monde à Londres.

À Tokyo, en 2021, l'athlète vise l'or. Mais les trois premières épreuves, le 100 m, le saut en longueur et le lancer du poids, sont difficiles. Une douleur au dos se rappelle à lui durant toute la compétition. L'athlète serre les dents. Il se relance à la hauteur avec un saut à 2,08 m, mais se fait peur de nouveau sur le 400 m. Fin de la première journée, il reste cinq épreuves. Il n'est pas sur le podium pour le moment.

Le lendemain, après le 110 m haies et le disque, Kevin recommence à y croire grâce à la perche, avec un saut à 5,20 m, le troisième meilleur saut de tous les décathloniens. Il lève un poing rageur, il exulte. Les 73,09 m au javelot (record personnel battu) lui promettent une deuxième place s'il ne flanche pas sur le 1500 m.

4 min 43,17 s plus tard, le Français franchit la ligne d'arrivée et le voilà assuré de monter sur la deuxième marche du podium, derrière le Canadien Damian Warner, qui bat, à cette occasion, le record olympique avec 9 018 points. Mayer n'a pas flanché. Un mental d'acier. Il dira : « J'ai fait épreuve après épreuve. Je ne savais pas quand ça allait lâcher et ça n'a pas lâché. Cette hauteur et ce javelot, qu'est-ce que c'était bon. J'étais amoindri physiquement, c'est les deux seules épreuves où il ne faut pas de vitesse, mais juste un bon placement. C'est celles que j'ai réussies, celles qui montrent mon vrai potentiel. »

En 2022, il est sacré champion du monde pour la deuxième fois.

En 2023, il est champion d'Europe en salle d'heptathlon (sept épreuves).

En 2024, pour les Jeux de Paris, Kevin Mayer visera l'or. Que la force soit avec toi !

Ci-contre : Kevin Mayer célébrant sa victoire au décathlon aux Jeux de Tokyo 2020.

Technique

Les premières épreuves olympiques de décathlon ont lieu en 1904 à Saint-Louis, mais deviennent officielles en 1912.
Le décathlon est composé de quatre épreuves de course (100 m, 400 m, 110 m haies et 1 500 m), trois de lancer (poids, disque, javelot) et trois de saut (longueur, hauteur et perche). Chaque athlète remporte des points selon la performance réalisée pour chaque épreuve.

10:00
01
01

2
1
3
20 00
00
01
10 00

Getty Images p. 12 (haut) : Mirrorpix - Mirrorpix / p. 12 (bas) : ABC Photo Archives - Disney General Entertainment Content / pp. 20-21 : Keystone - Hulton Archive / pp. 24-25 : Moto Yoshimura - Getty Images Sport / pp. 30-32-48-49-74 : Bettmann - Bettmann / p. 34 : Topical Press Agency - Hulton Archive / pp. 35-40-42 : ullstein bild Dtl. - ullstein bild / p. 36 : Universal History Archive - Universal Images Group / pp. 38-45 : Keystone-France - Gamma-Keystone / p. 46 : ullstein bild - ullstein bild / p. 47 : NCAA Photos - NCAA Photos / p. 50 : Gilbert UZAN - Gamma-Rapho / pp. 54-73 : David Madison - Getty images Sport / p. 56 : Pool DUCLOS-GOUVERNEUR-GUICHARD - Gamma-Rapho / p. 57 (bas)-98 : sampics - Corbis Sport / p. 57 (haut)-78 : Alexander Hassenstein - Bongarts / pp. 58-62 : Dimitri lundt - Corbis Sport / p. 59 : Gilbert lundt - Corbis Sport / p. 60 : Pool JO BARCELONE 92 - Gamma-Rapho / pp. 64-70 : Jean-Yves Ruszniewski - Corbis Sport / p. 66 : Nathan Bilow - Getty Images Sport / pp. 68-87 (gauche) : New York Daily News Archive - New York Daily News / p. 69 : Martin Rose - Bongarts / p. 72 : Inpho Photography - Getty images Sport / p. 75 : Boston Globe - Boston Globe / p. 76 : Robert Daemmrich Photography Inc - Corbis Sport / p. 77 : Chris Jackson - Chris Jackson Collection / p. 80 : Eddy LEMAISTRE - Corbis Sport / p. 81 : Vaughn Ridley - Getty Images Sport / p. 83 : Visionhaus - Corbis Sport / p. 84 : Tom Jenkins - Getty Images Sport / p. 88 : DeFodi Images - DeFodi Images / p. 90 : HASLIN Frederic - corbis Sport / p. 92 : Robert Gauthier - Los Angeles Times / pp. 93-111 : Ian MacNicol - Getty Images Sport / p. 94 : David Fitzgerald - Sportsfile / p. 95 : LatinContent - LatinContent WO / p. 96 : Diarmuid Greene - Sportsfile / p. 97 : Pool BASSIGNAC-DUCLOS - Gamma-Rapho / p. 100 : Tim Clayton - Corbis - Corbis Sport / pp. 102-117 (haut) : picture alliance - picture alliance / p. 104 : Stephen McCarthy - Sportsfile / pp. 106-124 : Jean Catuffe - Getty Images Sport / p. 109 : Pascal J Le Segretain - Sygma / p. 110 : Ramsey Cardy - Sportsfile / pp. 112-120 : Xavier Laine - Getty Images Sport / p. 114 : Soccrates Images - Getty Images Sport / p. 118 : Aaron Ontiveroz - Denver Post

Presse Sports p. 87 (droite) : LAHALLE / p. 108 : Didier ECHELARD / p. 122 : YUTAKA/AFLO

IconSport pp. 53-117

Shutterstock pp. 4-5 / athlètes en silhouette / pictos des encadrés / pp. 22-23 (piste d'athlétisme) / p. 43 / p. 67 / p. 69 / p. 79 / p. 89 / pp. 126-127

Paris 2024 p. 19 (logos) / p. 2 / pp. 7-10-11-14-15-19 (mascottes) / pp. 16-17 / p. 18 (prévisualisation de la cérémonie d'ouverture des Jeux de Paris 2024 - photo non contractuelle)

Textes : Françoise Ancey

Ouvrage dirigé par Mathilde Guillier
Conception graphique et maquette : Camille Decoster
Illustrations (pp. 6-7-8-9-11-13-23-27-29) : Alain Boyer
Lecture et correction : Valérie Gios

34-36, rue La Pérouse - 75116 Paris
www.hugopublishing.fr

ISBN : 9782755668315
Dépôt légal : octobre 2023
Loi n° 49-956 du 16 juillet 1949 sur les publications destinées à la jeunesse, modifiée par la loi n° 2011-525 du 17 mai 2011.

Imprimé en République tchèque par FINIDR